それでも大丈夫

不安を力に変える方法

大嶋信頼
Oshima Nobuyori

SIBAA BOO《シバブック》

第2章　お金がなくても大丈夫

第3章　落ち込んでも大丈夫

第1章　不安があっても大丈夫

大丈夫！

優しい「大丈夫」という言葉

青空の下でボーッとしている時にふっと「今、使っているカウンセリングの手法を全世界に広めてみたいな」という気持ちが湧いてきた。空に浮かぶ雲が形を変えて旅を続けていくように、カウンセリングの手法も世界を旅した時に、その形を変えながら人の心を自由に解き放ってくれたらいいな、と思った自分にちょっと驚く。

青空に浮かぶ雲を眺めていたら、なんだか自由な気持ちになって私の心の中に浮かぶいろんなアイディアも旅をしたくなったのかもしれません。

でも、次の瞬間に私は現実世界に戻される。

「無理無理！　だって、私、英語喋れないでしょ！」って自由に浮かんでいた雲を現実の手で打ち消してしまう。

世界に進出っていったら英語で論文とか文章をバンバン書いていかなければならないから「そんなの絶対に無理でしょ！」と思ってしまうわけです。

ここにもし、催眠のお師匠さんがいたら「ガッハッハ！」と豪快に笑って「大嶋さんなら大丈夫でしょ！」とおっしゃってくださる。

お師匠さんは、私の英語力を知らないから「大丈夫でしょ」って無責任なことをおっしゃるんでしょ、と私は失礼なことを思ってしまう。

すると催眠のお師匠さんは「大嶋さん、あなたの心の中をよーくみてごらんなさい」と優しく、おっしゃられた時に、私の心は催眠状態になって「あれ？　なんで英語が話せないと思っているんだろう？」と面白いことに気がつく。

そういえば、私はアメリカの学校を卒業したんだっけな、と思い出す。

確か、レポートも論文も英語で書いていたよな、と浮かんできますけど「いやいや、あれを書けたのも、英語のスピーチで点数を取ったのもまぐれだから、英語での実力は全くないんですけど」と再び私の中から浮かび上がった希望という雲を打ち消してしまう。

そして、目の前には催眠のお師匠さんが存在していない現実の世界に引き戻されて胸がぎゅーっと締め付けられるように痛くなる。

胸の痛みの中からお師匠さんとの思い出がたくさん出てきてしまう。

お師匠さんは私の文章力を知らないのに「大嶋さん、一緒に本を出版しましょう！」とおっしゃってくださった。

「大嶋さんだったら、一冊や二冊なんて簡単に書けるでしょ！」と背中をバンバン叩いて笑ってくださった。

いや、待てよ、もっとお師匠さんはすごいことをしていたな、と封印されていた記憶が蘇ってくる。

私が「日本を元気にしたいんです！」とアホなことをお師匠さんと食事をしながらつぶやいていたら、お師匠さんは「日本を元気にするためにはどうしたらいいと大嶋さんは思われますか？」と質問をしてくださった。

アホな私は「日本を元気にするためには、日本の会社を元気にすればいいと思います！」と真剣に答えていた。

するとお師匠さんは「そうですか！」おっしゃって、それからしばらくしたら「大嶋さん、企業で社員研修のセミナーをやってきてください！」とお師匠さんが受けるはずだった仕事を私に丸投げしてくださった。

その時も「私には無理です！」と断ろうとした。企業研修なんて一度も経験はないし、その当時は人生経験もろくに積んでいなかったから「研修をしたって社員さんから相手にされない」と思ってビビっていた。

そんな私にお師匠さんは「大嶋さんだったら大丈夫」と温かく背中を叩いてくれて「ガッハッハ！」と豪快に笑ってくださる。

「大嶋さんだったら大丈夫」と催眠のお師匠さんから力強く言われて、いつの間にか私は催眠に入ってしまったのか、気がついたら大企業に行ってたくさんの社員さんの前に立って催眠療法の研修をやっていた。

おー！　あの時の記憶がすっかり抜けているな、と自分でもびっくりしちゃう。

そして、なぜかそれを思い出したら涙が溢れてきてしまった。

「大嶋さんだったら大丈夫」って信じてくれたお師匠さんの優しい言葉が心に沁みて。

人から呆れられる不安があっても大丈夫

私が「英語でブログを書いて海外の人と交流を広めたい」という希望を持ったとする。

でも、次の瞬間に「私には絶対に無理」で希望を打ち消してしまうのは不安だから。何が不安なの？　というと「みんなから呆れられちゃう不安」です。

英語でブログを書き始めた時に「え？　英語で学校を卒業したはずなのに、そんなに英語力が低いんですか」とみんなから呆れられちゃう不安。

そう、最初はみんな「大嶋さんだったら絶対に大丈夫！」と言ってくれるのです。なぜなら、私の英語力を知らないから。高校の時の英語の成績が10段階中2で、テストでは赤点しか取ったことがない。だから、文法なんて頭に入っていなくてめちゃくちゃ。

アメリカで学校に通っていた時は、英語で無理やり勉強する、ということをしていて日本語でまず考えてから英語に訳す、という作業を一切していなかった。できるだけ英語でものを考える、ということをしていて、日本語で考えないようにして生活することでなんとか授業についていくことができるようになっていた。

だから、日本語の本を一切読まないようにしていたので私の日本語は高校生レベルで止まっていて、英語も中学生レベルでしか表現できない（当時英語で受けた知能テストでは高校生レベルでしたけど感覚的には中学生）。

私の英語の状況をちゃんと説明した時点で「大嶋さんだったら大丈夫！」と言ってくれた人たちのほとんどが「なんだ！　本当に英語ができないんだ！」と呆れちゃって私の前から去ってしまう。

それが私の不安で「みんな私の英語力を知ったら呆れちゃって私の前から誰もいなくなってしまう」という状況を恐れている。

そんなことを考えていたら「あれ？　ちょっと待てよ！」と面白いことを思い出してしまった。

日本で働き始めた時は、日本語の知能レベルは高校生でした。学生時代に日本語を使っていなかったので「漢字が書けない」ので仕事のノートは英語で書いていた。でも、そのノートもまるでみみずが這っているような文字だったので後で読み返しても、読めないので役に立たない。

人から呆れられる不安があっても大丈夫

ずっと英語で考えるようにしていたから日本語もおかしくて、日本語で考える時の思考レベルは高校生ぐらいだった。そんな時に、催眠のお師匠さんに出会って「大嶋さんだったら大丈夫！」っておっしゃってくださったってどういうこと？　と思うわけです。

大企業のセミナーをやらせてくださった時だって私の日本語はめちゃくちゃだったから「大嶋を送ったら会社関係のみんなから軽蔑される」とお師匠さんは不安にならなかったのかな？

夏の太陽がギラギラと照りつける中、私が電車を乗り継いで行った某電機メーカーの研修施設には「あれ？　お師匠さんはきていないの？」でびっくりしちゃった。私がちゃんと研修ができるかどうか不安じゃないの？　お師匠さん！　と到着した研修施設の待合室で一人で呟いていた。でも、そんな私の呟きを待合室の静けさは吸い込んでしまう。

待合室に一緒にいてくださる、と思っていたお師匠さんがそこにいないことで「大嶋さんだったら大丈夫」のメッセージになっていた。何が大丈夫なの？　とそこにいないお師匠さんに私は語りかけていた。

みんなから呆れられる不安があったって大丈夫、と待合室の静けさが私に返答をしてくれる。

実際に、みんなから呆れられてセミナー会場から誰もいなくなったって大丈夫！　と静けさの中から答えが浮かんでくる。

そう、私がみんなから呆れられてセミナー会場から誰もいなくなった場面を催眠のお師匠さんに話したら「ガッハッハ！」って思いっきり笑ってくださる声が頭に響いてくる。

そして、セミナーの時間となり、私は会場に連れて行かれて、会場にいる優秀そうな社員さんたちの数の多さに圧倒されてしまう。

セミナー開始から30分が経過しても社員さんたちに全く反応をしてもらえなかった。

「うわ～！　全然ダメじゃん！」と思って「これもお師匠さんに伝えるネタになるな～」と思っていたら、突然、目の前に座っていた社員さんが質問をしてくださって、そこから急に会場全体が一気に盛り上がった。

「みんなから呆れられたって大丈夫！」というお師匠さんの声が私の中に響いていた。

こんなことを思い出していたら「あれ？　英語でブログが書ける気がしてきた！」となるから恐ろしい。

みんなから呆れられる不安があったって大丈夫！

長年、みんなから呆れられる不安で使ってこなかった英語は幼稚園レベルに落ちてしまったかもしれないけど、学生時代はそこからスタートしてなんとか高校生レベルまで到達していた。

幼稚園レベルの私の英語をみんなは確かに呆れていたけど「大嶋だったら大丈夫」と温かく見守ってくれる人が確かに私の周りにはいた。そう、心の目で見れば「みんなから呆れられても大丈夫」って思ってくれる誰かがそばにいてくれた。

それがたった一人であっても「みんなから呆れられても大丈夫」という温かい眼差しを感じた時に、私は私の夢に向かって立ち上がることができるような気がしてきた。

幼稚園の頃に、走って転んで、周りの大人から「大丈夫！　大丈夫！」と言われて「こんなに痛いのに大丈夫なわけないやい！」と大声で泣きながら心の中で悪態をついていた。でも、泣き止んだら、すぐにまた幼い私は何かに向かって走っていた。

あれ！　本当に大丈夫だった！　と狐につままれたようなあの時の感覚が蘇ってくる。

みんなから呆れられる不安を持っていたって大丈夫！

あなたは、また夢に向かってすぐに立ち上がって走り出すから。

なんの成果も出せない不安があっても大丈夫

もし、私が英語でブログを書いたとしても「海外の方は誰も興味を持ってくれないじゃん！」という不安が湧いてきちゃう。私が努力したところでなんの結果も出せない不安でやる気が失せる。私は子どもの頃から「努力しても成果を出せたことがない」という経験からなんの成果も出せない不安が湧いてきて、ボーッと白昼夢に入っていく。

そう、ピアノを子どもの頃に何年も習っていたけど、課題曲をまともに弾くことができずなんの成果も出せないで終わってしまった。私はちゃんと成果が出すことができないことがわかってしまうから、ピアノの練習ができない。

ピアノの練習をしなければ成果が出せないとわかっているのだけど、練習したところで私なんかに成果を出すことができないことがわかっていたからピアノの前に座っても2分と集中力がもたなかった。

漢字だって同じでした。

「いくら漢字の書き取り練習をしても漢字がまともに覚えられない」と成果が出せないことが不安で漢字の書き取り練習に集中できなかった。

いくら練習したって覚えられなくて、漢字テストで成果が出せずにガッカリしてしまうのがわかっていたから、漢字書き取り帳に流れ作業のように書き込むだけで覚えることができない。

英語の単語も同じで、いくら覚えたってすぐに忘れちゃって成果が出せずに努力が全て無駄になってしまうことが不安で勉強に集中することができなかった。

語学学校で大学に入るための語学力テストの勉強をしていた時も「どんなに努力しても成果が出せない不安」があって「どうせやったって無駄だ」と授業をサボって友達の家のソファーで寝転がっていた。

そこに英語学校の先生が来ちゃって「大嶋！　ここで何をやっている！」と怒られたな～。

成果が出せない不安で私は努力することができなくて、ただただ時間だけが無駄に過ぎていき、私の何も成果が出せない不安だけが膨らんでいって、その不安に飲み込まれてそこから出ることができなくなってしまう。

催眠療法を習いに行った時も、成果が出せない不安に取り憑かれていた。

カウンセリングの仕事をやらせてもらえるようになったけど、成果が出せない不安に取り憑かれてしまって「このまま仕事を続けられなくなるかも」と思った時に、珍しく「催眠療法だったら成果が出せるかもしれない」と希望を持って、講座を申し込んだ。

でも、催眠療法を習い始めたら、ピアノレッスンの時のように鍵盤を順番に叩く地味な作業と同じに思えてしまって「これを習っても催眠で成果が出せない」という不安に取り憑かれて「もう諦めよう」と催眠のお師匠さんに話す決意をする。

私はピアノの前で落ち着いて座っていることができなくて、練習したって絶対に成果が出せない不安に駆られて、ますます落ち着いていられなくなってしまう。

催眠療法の時もピアノの練習時と同じで「患者さんの前で落ち着いて座っているのが苦痛」となっていて、こんな私が催眠療法を勉強したって成果なんて出せるわけがない、という不安に駆られてますます患者さんの前で落ち着いて座っていられなくなる。そして、何もできない不安ばかりが膨らんでしまい、その不安の中にいつの間にか飲み込まれて「何も成果が出せない」で、途中で諦めてしまう。

催眠のお師匠さんに「私は催眠には向いていないみたいなので講座を辞めさせてください」とお伝えしようとしたら、お師匠さんが「大嶋さん！　さあ、私に催眠をかけてください！」とおっしゃって、患者さんの座る椅子にお師匠さんがどかっと座ってしまった。

私は「お師匠さんを催眠に入れるなんてとんでもない！」とお断りしようと思ったら、お師匠さんはにこやかに「さあ、よろしくお願いいたします」と深々と私に頭を下げる。

私は「成果が出せない不安」に取り憑かれているから、お師匠さんを催眠に入れようとしても何も成果が出せない結果が見えてしまう。

お師匠さんに教えていただいた通りにやっているつもりだけど、私がお師匠さんを催眠に導入する声は震えていて、小学校の学芸会の演劇のセリフみたいな感じでガチガチになってしまう。

あー、また、成果が出せない、という不安がどんどん私の中で膨らんでいき、それに飲み込まれてここから飛び出して逃げたくなる。

そんな成果が出せない不安に耐えながら「こんなことをやっても無駄だ」と心の中で呟いていると「あれ？お師匠さん、寝ちゃったの？」と患者さんの座るソファーで目を閉じて完全にお師匠さんは脱力してしまっている。

それを見た瞬間に「うゎ～、私の催眠が下手で退屈して寝ちゃった～」とゲンナリしちゃう。それと同時に、いくら私が下手くそだからって寝るのって酷くない！とお師匠さんに対して怒りも湧いてくる。

すると、脱力しているお師匠さんを見て「なんで、お師匠さんが催眠に入っていないで寝てしまっている」と決めつけているんだろう？　と疑問がどこからか湧いてきた。

もしかして、催眠のお師匠さんが「あ！　催眠状態になった！」ということになっても、「お師匠さんは私のために演じているだけ」と決めつけちゃってるのかも。

催眠療法の受講生である私の前で完全に脱力状態になっているお師匠さんは、その姿から「なんの成果も出せない不安があっても大丈夫」と語ってくれているように思えてきた。

「なんの成果も出せなくても大丈夫！」と、お師匠さんが目の前で無言で語ってくれている。

私は、催眠を続けながら「そもそも、催眠と睡眠の違いは何？」と一人で頭の中でつぶやいて笑ってしまった。

「なんの成果も出せない不安があっても大丈夫」と目の前で脱力しているお師匠さんが語ってくれる

のを受け取った時に、私の声の震えは不思議と治って、お師匠さんが普段催眠の時に出す低い声のトーンへと変わっていた。

なんの成果も出せない不安に取り憑かれていて、お師匠さんと同じ声を出すのが恥ずかしくてできなかった。お師匠さんの真似をして成果を出せなかった時の不安で真似することができなかったけど「なんの成果も出せない不安があっても大丈夫」と目の前のお師匠さんは雄弁に語ってくださり、私の不安と恥ずかしさはどこかに吹き飛んでしまっていた。

一通り催眠の手順が終わって、催眠から戻ってきてもらうために、お師匠さんに深呼吸をしてもらう。

「はい！　スッキリと目覚めます！」とお師匠さんの声のトーンを真似て声をかけた時に、お師匠さんはパッと目を開けられて「とても心地がいい催眠でした」とおっしゃってくださった。

ほんまかいな！　と心の中で突っ込みたくなっていたが、そのお師匠さんのメッセージは「なんの成果も出せない不安があっても大丈夫」と聞こえていた。

そんなことを思い出していたら「あれ？　ブログを書いても海外の方が見てくれない」という、成果が出せない不安にどうして取り憑かれていたんだろう？　とおかしくなってきた。

そういえば、日本語でブログを書き始めた時も、閲覧数４人で喜んでいたよな〜。

なんの成果も出せない不安があっても大丈夫。

成果が出せなくったって、あなたはやりたいことに向かって突き進んでいくから。

時間を無駄にしちゃう不安があっても大丈夫

「大嶋さん、本当に英語でブログを書くんですか？」と誰かに質問された時に「う～ん、時間がないからちょっと難しい」と私の中に時間を無駄にしちゃう不安が湧いてくる。

英語をもう一度勉強し直す時間が無駄で、私は時間を無駄にしてしまう、という不安で「絶対に英語でブログなんて書くのは無理！」と思ってしまう。

私はいつも「時間がない、時間がない」と不思議の国のアリスに出てくる時計を持った白ウサギのようなことを言っていて、常に時間を無駄に使ってしまう不安に付き纏われている。

そう「今更、英語の勉強をしたって時間の無駄じゃないかな」って不安になって一歩が踏み出せなくなってしまう。

日本語でブログを書いたって、1日に2時間ぐらい書き終わるまでに時間を無駄にしちゃうんだから、英語で書いたらもっともっと時間が無駄になって、本当にやらなきゃいけない事への時間がなくなってしまうと、不安に取り憑かれちゃう。

じゃあ、なんのために時間を使ったら無駄じゃなくなって不安が解消されるの？

私は、食事を作る時間を無駄にしちゃっている、と不安になっていた。昨日もカレーを作るのに40分もかかってしまって時間を無駄にしちゃった、と不安になっていた。

そんなことを考えていたら、お昼のお弁当を買いに行くのに行き帰りで30分も時間を無駄に使ってしまった、と不安になったことを思い出した。

そして、私は、弁当を買いに行くことを諦めて、お昼はヨーグルトを買いだめして食べるようにしていた。

時計を持った白ウサギのように「時間がない、時間がない」と時間を無駄にしてしまう不安でいつも落ち着かない。

でも、私はヨーグルトを食べながら、インターネットでニュースサイトを見続けちゃって、時間を無駄に使っている不安が湧いてきてしまう。こんなニュースを見ている時間は無駄、ってわかっているのにそれが止められない。

「こんなことをやっていたら時間の無駄」って不安になるのだけど、不安になればなるほど時間を無駄に使って不安が増していく。

「時間を無駄にしちゃうかもしれない」と英語の勉強をしていたら不安に駆られながらも「勉強するのが止められない」となればいいのに。

時間を無駄にするのが止められない、と私の不安をどんどん大きくしちゃうのは「やっても無意味なこと」なんです。

スマホゲームとか、ニュースサイト、動画サイトやテレビのバラエティ番組が「そんなの見たって無意味」と思っているのに時間を無駄に使ってしまうのが止められなくなって、時間を無駄にしている不安を私の中でどんどん膨らませてしまう。動画サイトやバラエティ番組を見ているうちにいつの間にか眠くなって、そのまま座椅子に座ったまま寝てしまって「また時間を無駄にしてしまった！」で不安がものすごいことになってしまう。

知り合いから「仲間同士で集まりませんか？」と誘われた時に、時間を無駄にしちゃう不安から「ちょっと今は忙しいから無理！」と断ってしまう。

おい！　おい！　インターネットをダラダラ見ちゃって時間を無駄にしているのに、よく「今は忙しいから」と言えるよね。自分でも呆れてしまう。

時間を無駄にしちゃう不安から本も読むことができない。

それなのに、時間を無駄にしちゃう不安のなかで「なんであの人は私にあんなことを言ったんだろう？」とぼーっと考えてしまって「ああでもない、こうでもない」で時間が30分、そして1時間と経過してしまって「あ！　しまった！　また時間をこんな人のことで無駄にしちゃった！」って後悔して不安に飲み込まれてしまう。

時間が無い中でやらなければいけないことがたくさんあるのに、不安になればなるほどどんどん時間を無駄にしてしまって「時間を無駄に使ってしまって何もやれていない」という不安が大きくなってしまって、それに飲み込まれて何もできなくなってしまう。

私の中の時計を持ったウサギが「時間がない、時間がない」とただひたすら駆け回って不安を煽って、私はその不安で動けなくなり、不安を解消するために無意味なことばかりしてしまう。

そんな白ウサギの「時間がない、時間がない」というつぶやきの向こう側で「時間を無駄にしちゃう不安があっても大丈夫」というあの方の優しい声がしてきた。

「時間を無駄にしちゃう不安があっても大丈夫」って何が大丈夫なのかな？　とその意味は理解できなかったけど、私の中で駆け回っていた白ウサギの「時間がない」という声は聞こえなくなる。

「時間を無駄にしちゃう不安があっても大丈夫」という言葉を自分で唱えてみたら「私が時間を有効に使えていたことなんて一度だってなかった」と気がついちゃった。

「急がば回れ」とか「急いでは事を仕損じる」なんてことをいろんな人から言われてきたけど、それを言われるたびに「そんなことはわかっているけど本当に時間がないんだって」と思っていた。

そう、いつも急いで何かをやってしまって結果が裏目にでて「時間を無駄にしてしまった」と後悔して時間を無駄にしてしまう不安に飲み込まれてきたと思っていたけど、私ってこれまでの人生で一度たりとも時間を有効に使ったことがないじゃないですか。

「時間を無駄にしちゃう不安があっても大丈夫」と思ってみたら、私は時間の無駄遣いの天才であることに気がついちゃって、これまでの人生時間を無駄に使ったことしかないことが見えてきた。

いつも「時間がない、時間がない」と時間貧乏だと思っていたけど、肝心なところではちょっとしか時間を使えなくて、意味のないところで時間を大盤振舞しちゃう。

これってただ私が破天荒な生き方をしてるだけ。私の親とか、知り合いが今まで成し得なかった生き方をしているだけ。

私の周りの人たちの生き方に魅力を感じなかったから、私は破天荒に生きて、あの人たちとは違った道を切り拓いてきた。

「時間を無駄にしちゃう不安があっても大丈夫」と思ってみたら、破天荒に生きてきてあの人たちとは違った生き方ができるようになった自分をちょっと認めてあげたくなってきた。

すると、あの人たちが時間を無駄にすることを気にしちゃって楽しめなかったことを私は楽しめている時間が見えてくる。

夕暮れ時のお寺でぼーっと境内に座って、日が暮れていくのをただひたすら眺めていた。お寺の鐘が「ボーン」となり、その響き渡る音色が何を意味するのか理解しないまま、日が暮れていく。

時間を無駄にしちゃう不安があっても大丈夫。

あなたは前人未到の境地を切り開いているのだから。

失敗する不安があっても大丈夫

「私は世界を旅してみたい」とブログで情報を世界に発信するために英語で文章を書き始めると「こんなに一生懸命にやり始めて失敗しちゃたらどうしよう」という不安が湧いてくる。

失敗する不安で真っ先に浮かんでくるのは、書いた文章を読み返していて「あまりにも文章が酷すぎる～」って絶望的な気分になって続けられなくなる、という不安。

子どもの頃もお小遣いでノートを買って「このノートを使って今度こそはちゃんと勉強をしよう」と思うけど、失敗する不安が湧いてきてしまう。新しいノートで書き始めて「うわ！　字を間違えた！」とか「ちょっと線からはみ出して書いてしまった」と失敗しちゃったら、もうそのノートを使うのが嫌になってしまって、授業中にノートを取るのを諦めてしまう。

失敗する不安がものすごくて、ちょっとでも失敗すると「もう嫌だ！」と失敗したものを投げ出してしまって「ノートを取っていないから授業についていけない」という本格的な失敗が現実になってしまう。

失敗する不安が私の中で強烈すぎて、ちょっとの失敗でも気分がものすごく落ち込んでしまって「今度こそは！」と思ったことも投げ出して本格的な失敗を繰り返してしまう。

失敗する不安がものすごくて、学生時代に書いたレポートを自分で見返すことができなかった。文法とか単語で失敗しちゃっているのでは、という不安がものすごくて、それを見てしまったら自分が書いたレポートを提出できなくなる、という大失敗をしちゃう。だから、友達に「お願い！　文章をチェックして！」とレポートの修正をお願いしていた。

友達が直してくれたレポートを私は確認もしないで「レポートが出来上がりました！」と先生に提出する。

でも、私は自分で文章をチェックしないので英語の単語も文法もちっとも学習してないじゃないか！という感じで失敗する不安が現実になってしまう。

食事を作る時でも、自分で食べるときは適当に作ることができちゃうけれど、人に料理を作ってあげる、というときは「失敗しちゃったらどうしよう」という不安がものすごくなってしまう。

この失敗する不安がものすごくて、料理の手順をちょっとでも間違えたら「もう嫌だ！」と全部捨てたくなってしまう。ちょっとでも失敗しちゃったら「もうどうでもいいや」という投げやりな気持ちになって、そこからものすごく料理が適当になってしまう。

さらに、失敗する不安がものすごくて「味見をしたくない」と途中で味見をしないで出してしまって「うわ！　まずい！」と失敗する不安が現実になる。

学校の授業でダンスをやらされた時も、みんなの前で失敗する不安がものすごくて、ちょっとでも失敗しちゃったら「もう嫌だ！」になってしまって「私はダンスのステップが覚えられません！」と覚えるのを拒否しちゃう。そして、みんながちゃんとできているのに、私だけダンスを覚えていなくて、私だけちゃんと踊れない不安が現実になってしまう。

私だけ失敗する不安が強くて、ちょっとの失敗で「もうダメだ」と諦めてしまって、不安が現実になる、を繰り返していた。周りの人たちからは「諦めないで続ければ失敗しないで済むのに」とダメ出しをされちゃう。

でも、失敗する不安がものすごくて、ちょっとでも失敗しちゃったら、不貞腐れたような気分になってしまって、投げやりになってしまう。投げやりになってしまうと、失敗する不安が現実になって「が～ん！」とショックを受けて落ち込んで、ますます失敗する不安が強くなって何も挑戦することができなくなっていた。

催眠のお師匠さんに「催眠を教えてください」とお願いした時も「失敗したらどうしよう」という不安がものすごくてお師匠さんから出された課題に一切手をつけられなかった。

宿題のような感じで「次回までに物語を書いてきてください」とお師匠さんから課題を出されるのだけど、私は失敗する不安がものすごくて「やっぱり私は書けない」で課題をやらずにお師匠さんのところに行ってしまう。

失敗する不安がものすごくて書けなかったのに「こんな物語を書いたって催眠が覚えられると思いません」という態度で講座を受けていた。失敗する不安がものすごいから、その不安を周りに気づかれないようにものすごい失礼な態度をとってしまう。

学生時代は、宿題をやらないで「なんでこんなくだらないことをやらせるんだ！」と反抗的な態度をしていたし、授業中は失敗する不安がものすごくて不貞腐れて寝ちゃっていた。

失敗する不安がものすごいのを知られるのが嫌だから「先生の授業は退屈だから寝ちゃう」という失礼な態度をとっていて、そしてどんどん授業についていけなくなり、失敗する不安が現実になってしまう。

催眠のお師匠さんから出された物語を書く課題をやってこなくて「こんなことをやったって催眠が上手くならない」という失礼な態度をとってもお師匠さんは笑顔でいてくださった。

講座を受けていた参加者のみんなが宿題の物語を読んでいる時に、失敗する不安が現実になって、私はどんどん不貞腐れた態度になっていく。

私は「催眠療法なのに物語ってなんだよ！」とやさぐれた気持ちで心の中でみんなの物語を聞き流しながら呟く。

「こんなの催眠療法じゃない！」と失敗する不安を隠すために、そこから逃げ出そうとしていた。

そんな時に、催眠のお師匠さんが「あの有名な催眠療法家のミルトン・エリクソン博士は一人の患者さんのための物語（催眠スクリプト）を40回も書き直していたんですよ」とおっしゃった。

私はミルトン・エリクソン博士が大好きで博士のお弟子さんが書いた本をたくさん読んでいたので、その時だけは「おー！」と不貞腐れた気持ちから解放された。

ミルトン・エリクソン博士は、一人の患者さんのためにカスタムで物語を作っていて、その物語を作るために、患者さんの家にエリクソン博士の子どもや弟子を派遣して、家の色は？　階段は何段？　絨毯の柄は？　とたくさんの情報を集めさせていた。

そんな子どもやお弟子さんが集めた情報から、患者さんが催眠で楽になる物語を書くことができるエリクソン博士は天才、と思って私は尊敬していた。

え？　そんな天才的なエリクソン博士が40回も一人の患者さんのために物語を書き直していたって？

私がそんなことを考えている時に、お師匠さんがあの温かい声で「エラーの中に無意識が宿るんですよ」とおっしゃった。

「エラーの中に無意識が宿る」と言われても、私には無意識がなんのことかもわからないし、エラーの中に宿るってどういうこと？　と理解はできなかったけど、心の中にその言葉が不思議と染み込んでいく。

それからも私には物語は書けるようにならなかったけど、10年後に「日本語のブログを書きたい」と書き始めて、失敗する不安がものすごく強い私は「やっぱり書けない！」と投げ出して失敗を現実のものにしてしまった。

そんな時に私、催眠のお師匠さんの講座を受けたことがある同僚に「私の書く文章はわけがわらなくてブログなんて書けない！」と愚痴を言ってしまった。

同僚は「大嶋さんって聖書を読んだことがあるでしょ！」と唐突に言う。

「はあ」と私はこの話のポイントが見えないまま、力無く返答する。

すると同僚は「聖書に書いてある文章ってわかりやすいんでしたっけ」と真面目な表情で言った。

私はそれを聞いた瞬間に「あ！　エラーの中に無意識が宿る」というあのお師匠さんの言葉を思い出してしまった。

そう、聖書の中に書いてある物語は「訳がわからん！」ということがたくさんある。

あの本は、英語で読んでも日本語で読んでも「これ？　暗号？」と思われるような箇所がたくさんあって「なんのこっちゃ？」となっていたけど、世界のベストセラーとなっている。

その時に催眠のお師匠さんが私におっしゃってくださった「エラーの中に無意識が宿る」という言葉に「失敗する不安があっても大丈夫」というメッセージが練り込まれていたことに気がついてしまった。

確かに正しい日本語で文章を書いてしまったら、私の特徴がなくなり何の面白みもなくなるよな、とその時から文章を書くのが楽しくなっていた。

失敗する不安があっても大丈夫だから。矛盾だらけでツッコミどころ満載の文章は、本当に心の傷の癒しを求めている人たちに読まれていく。失敗する不安があっても大丈夫。

なぜなら、エラーの中に無意識が宿ってくれて、私たちが本当に求めている方向へと導いてくれるのだから。

勘違いしちゃっている不安があっても大丈夫

「世界に羽ばたきたい！」という思いで英語のブログを書き始めようとしているけど、「あなたは世界に通用するようなものを持っているの？」という疑問が湧いてくる。

もしかしたら私ってものすごい勘違い野郎になっているかも、という不安に襲われ「穴があったら入りたい」と思ってしまう。

そもそもどうしてあなたは世界に通用すると思うのよ！　それってただの勘違いでしょ！

あなたは何かちゃんと成し遂げたことがありますか？　何もないでしょ！　そんなあなたを、どうして他の国の人が相手にしてくれると思うの？

この国でさえ誰もあなたのことなんか相手にしていないのに、どうして他の国だったら相手にしてもらえると思うの。

こんな思いが頭をぐるぐるとめぐり、ついに不安が高まると「私はなんてことをしようとしていたんだ！」と急に冷めてしまう。私はずっと、とんだ勘違い野郎になってしまう不安に取り憑かれてきた。

勘違い野郎になっていることへの不安があれば、実際にはそうはならないかもしれない。しかし、いつの間にか勘違い野郎になって、身の丈に合わないことを求めてしまっている。

学生時代、部活をやっていた時のこと。後輩の子が私に興味を持ってくれているかもと思うと、ドキドキしていました。ただ、勘違い野郎への不安があるから、「私なんかに後輩の子が興味を持つわけがない！」と、頭の中で打ち消してしまうわけです。

でも、打ち消せそうとすればするほど思いがどんどん膨らみ、「あの子は私のことを好きに違いない！」となって、まともに顔も見られなくなってしまっていました。

ある時、「先輩、相談があるんですけど……」と、その後輩から呼び出された。「おー！　告白されるのか？」と期待が高まる。そこでも、勘違い野郎になってしまうことへの不安が募るのだけれども、そんな不安を打ち消そうとすればするほど、「もしかして」という勘違いが、やはり私の中で膨らんでしまう。

ドキドキしながら後輩の話を聞くと、「私、○○先輩が好きなんですけど、あの先輩に付き合っている人います？」とさぐりを入れられただけ。「が～ん！」とショックを受けたというわけです。

勘違い野郎への不安が現実になってしまい、ショックと恥ずかしさで心が粉々に打ち砕かれてしまう。勘違いへの不安から、身の丈に合った生き方をしなければと日々思っていても、勘違いがどんどん膨らんでいく。

ある時などは、「もしかしたら私はもっと仕事ができる人間なのかもしれない」と考え、会社を辞めてしまいました。ところが「もっと仕事ができる人間かも」が結局は勘違いである不安が的中。「私って本当に仕事ができないダメ人間」という現実を突きつけられて、勘違いする不安がさらに増幅されてしまう。

私の中で不安が大きくなるほど、いつの間にか勘違いも大きくなってしまって、「もしかしたら私は仕事ができるかも」という自分への期待が間違っていたことがわかり、仕事を途中で辞めてしまっていた。

あーあ！　と振り返って思うのが、催眠のお師匠さんと食事をご一緒させていただいた時のこと。

勘違いへの不安から、身の丈に合ったことしか言わないようにしても、お師匠さんから「大嶋さんの将来の目標はなんですか？」と質問された時に「心理学で日本を元気にすることです！」と、勘違い野郎になってしまったこと。

勘違いしてしまう不安が現実になり、後になって「恥ずかしい！」と後悔して、勘違いへの不安がさらに膨らんでしまう。

でも、あれ？　「日本を心理学で元気にしたい！」とお師匠さんに伝えた時に、お師匠さんは「ガッハッハ！　大嶋さんは面白い！」と笑ってくださった。

あの「ガッハッハ！」っていうお師匠さんの笑いって、決して私のことを「勘違い野郎」と馬鹿にした笑いではなくて、これからの展開が楽しみ、という笑いだったよな。お師匠さんも私のことを勘違いしているということ？

お師匠さんにそのことを尋ねると、「そうかもしれません」と笑顔で答えてくださった。

お師匠さんは、私のことを「期待はずれ」と考えていたということ。つまり、私の勘違いへの不安が的中したことになる。勘違いする不安が現実化すればするほど、私の勘違いが私の中でどんどん膨らんでいく。おー！　私は、日本を元気にするために、海外に日本発の心理学を発信、逆輸入をして、多くの日本の人に受け入れてもらいたい、と勘違いしているんだ、ということが見えてくる。

もし、あなたに勘違いへの不安があっても大丈夫。その不安が知らず知らずのうちに夢をどんどん膨らませてくれるから。

勘違いへの不安から「身の丈に合った生き方をしよう」と思っていても、それができなくなるのは、不安が夢をどんどん膨らませてしまうから。勘違いへの不安が夢を膨らませ、どんどん高く遠くへと自分が舞い上がっていく。

「いつか、ここから落ちてしまうのでは」と勘違いへの不安が膨らむほど夢も膨らむ。夢の気球は勘違いのバーナーによってさらに膨らみ、いつの間にか憧れのあの人が見ていた高さから周りの風景を楽しんで見られるようになる。

そう、勘違いへの不安があっても大丈夫。

その不安があなたの本当に求めている世界へと連れて行ってくれるから。

見掛け倒しになる不安があっても大丈夫

喫茶店でブログを書いていた時のこと。隣の席の女性たちが「あの人、見掛け倒しよね～」という話し声が聞こえてきてしまうと、「え？　私のことを言われている？」と不安になってオロオロしちゃう。

「心理学で日本を元気にする！」とか「英語でブログを書いて世界に羽ばたく！」などと言うと、外見は立派に見えるけど、蓋を開けてみたら「ガッカリだよ！」という見掛け倒しになってしまうのではという不安が募る。

新しいクラスで同じ教室になった人たちがお互いに自己紹介をし合っている時のこと。私のところにもクラスメイトが寄ってきて、「お前はどこからきたの?」と質問をされる。私が答えようとすると「なんだ、こいつ見掛け倒しか! ガッカリだよ!」と去っていく。そして、私は誰にも相手にされなくてポツンと一人で惨めな思いをしてしまう。

また、文化祭の時のこと。演奏後に他校の女の子たちが私に近寄ってきて、「今の演奏、良かったです!」と言われ、私は「ありがとう!」と答えた。そこまではいいけど、その後に女の子たちと会話を始めると、私に対する興味が徐々に失われていくのがわかってしまう。

女の子たちが去っていく時に「なんだ、見掛け倒しだったじゃん!」という声が聞こえ、「が~ん!」とショックを受けてしまう。

いつも私は「見掛け倒しになる不安」を抱えている。見掛け倒しにならないようにと本を読み研究し、努力をするけど、「ガッカリ」という反応しか人からは返ってこない。

周りの人たちからは「お前、努力するところが間違ってない!?」と指摘される。

「大嶋君は賢そうな顔をしていて、勉強ができそうだよね!」と言われることがあっても、私は見掛け倒しになる不安でいっぱいになってしまう。

そう、ここで見掛け倒しにならないように勉強をすればいいのです。ただ、見掛け倒しの不安があればあるほど、漫画を読むのがやめられない！　だからテスト結果で見事に赤点を取ってしまい、結局は見掛け倒しの不安が現実になってしまう。

「大嶋君って、片付けとかちゃんとやりそうだよね！」と言われたことがある。見掛け倒しへの不安が煽られる。私のカバンの中身をその子たちが勝手にチェックした時に、「なにこれ、汚〜い！　赤点の答案用紙がぐちゃぐちゃになってカバンの底に弁当箱の汁でこびりついている！」と、見掛け倒しへの不安が現実になる。

　さらに、「大嶋君はスポーツができそうだよね！」と言われる時のこと。私の見掛け倒しへの不安がものすごいことになる。実際にスポーツをやってみると、「お前、本当に鈍臭くてダメだな！」と見掛け倒しへの不安が、ここでも現実になってしまう。

　人から見掛け倒しと思われてガッカリされることは数知れずで、ある程度慣れてしまった。でも、私自身が「今度こそちゃんとやるぞ！」と強い決意をしても、見掛け倒しへの不安がやはり強くなってしまう。最終的には、「思っていたのと全然違うじゃん！」と自分でガッカリしてしまう。私の中で「偉そうなことを思っていて、いつも何もできない見掛け倒し」と、自分で自分を罵倒してしまう。

　誰と接していても、どんな仕事をしていても、見掛け倒しへの不安がとても強く、「ガッカリだよ！」という結果を恐れて、人間関係も仕事も続かなかった。

　周りからガッカリされることは慣れてしまっている。ただ、自分で自分にガッカリしてしまうと、その時点でやる気が本当になくなる。全て途中でやめてしまい、見掛け倒しの不安が現実になる。

もっと酷いことに、見掛け倒しへの不安があるくせに、人に対してものすごい期待をしている。少しでも期待を裏切られると「見掛け倒しじゃない！」となって、相手との関係を切り離してしまう。

自分がそうされたらものすごく傷つくのに、人に対してそれを気づかずにやってしまっていた。

でも、催眠のお師匠さんのところに行った時だけは、何かが違っていた。お師匠さんの本を読んで、「この方の催眠は凄い！」と感動して期待してしまう。本の表紙も立派。「どれほどすごい方なのだろう！」と期待してお師匠さんのオフィスに行ってみたら、「普通の地味なマンションの一室じゃないか！」とガッカリ。実際にお師匠さんに会った時は、「ただのサラリーマンのおっさんじゃないですか！」でさらにガッカリ。

本は見掛け倒しかと思い、私はそこから立ち去りたくて仕方がなかった。私はあんなに見掛け倒しへの不安が強くて、人から「見掛け倒し」と思われるとものすごく心が傷ついてきたのに。

でも、催眠療法を勉強する講座が始まってから、お師匠さんは私に「見掛け倒しになる不安があっても大丈夫」というメッセージを送ってくださった。私はずっと「見掛け倒しになってはいけない」と思ってきたけれど、催眠のお師匠さんは「見掛け倒しになる不安があっても大丈夫」と私に念を押してくださる。

「大嶋さん、催眠ができそうで意外とできないのですね！」と、参加者から見掛け倒しと思われる不安がすごくあったけど「見掛け倒しになる不安があっても大丈夫」という言葉で、催眠をうまく使えない自分にガッカリしながらも、周りの人たちと打ち解けられるようになった。

「見掛け倒しになる不安があっても大丈夫」と思うと、「全然違うところで努力している」という不安がなくなって、電車の中で催眠の練習をひたすらするようになっていた。

また、見掛け倒しになる不安があっても大丈夫と思っていると、不思議なことに気がついた。私は、この見掛け倒しになる不安があったから、無意味な努力を続け、肝心なことに努力できないでここまできてしまった。でも振り返ってみると、むしろ見掛け倒しになる不安が私をここに導いてくれた、ということが見えてきた。

この不安がなければ肝心なところで努力ができちゃって、全然違う人生を歩んでいただろう。見掛け倒しになる不安は、私が本当に求めていたところに自然と導いてくれていた。そこにたどり着いた時、本当の意味で「見掛け倒しになる不安があっても大丈夫」と思えるようになっていたのです。

あなたの本当に求めているものは見掛けじゃないから。

ヘタレになる不安があっても大丈夫

「世界に羽ばたきたい！」と言っているけど、部屋からも出ないような人がよくそんなことが言えるわね、という声が聞こえてくる。そう、私はヘタレになる不安があって、決まったところから出たくない人だった。

外に出て嫌なことがあったら、私はヘタレになってしまい醜態を晒してしまう不安があった。

部屋でテレビを見ている時、番組のコメンテーターに「何この人、いい加減なコメントをして！」と、一人でダメ出しをしている。それなのに自分が「外に出る」となった時に、「もし誰かからダメ出しをされたら絶対にヘタレになる」という不安から外に出られない。

自分一人の世界の時は無敵状態なのに、いざ外に出て人と接触をした時にヘタレになる不安がものすごい。少しでも嫌な顔をされると、「が～ん！」とショックを受けてヘタレになってしまい、そこから立ち直るのに何日もかかってしまう。

でも、家の中とかだとものすごく偉そうにしている。いろんなことに怒っていて、他人の批判ばかりしている。「私は周りの人よりも優れているかも」という気持ちになってしまう。でも、「さあ、外に出てみましょう！」となると、「いや～」となる。一人でいる時に偉そうなことを考えれば考えるほど、ヘタレになる不安がものすごいことになるから。

昔は、部屋から出なければヘタレになる不安を感じることはなかった。でも、部屋にいても電話がかかってくると「どうしよう！」と、電話に出たとたんにヘタレになる不安がすごいことになって、

「電話に出るのが怖い」となってしまう。ヘタレになる不安から電話線はいつも外していた。

携帯電話にしても、ヘタレになる不安がすごいから電源オフにしていて、携帯電話を持つ意味などなかった。一人でいる時は「携帯電話があったら便利」と思うが、いざ、誰かから連絡があるかもと思ったらヘタレになる不安でいっぱいになって「電源オフ！」にしてしまう。

インターネットの時代になっても、ヘタレになる不安がものすごい私は、「メールをチェックするのが怖い！」となってしまう。そのためメールボックスはずっと開かないまま。開けたとたんにショックを受けるような内容が書いてあるかも？と不安になってしまうから、なかなかメールをチェックできない。また、誰かからメールが来ても、ヘタレになる不安で返信できない。

だいぶ前に、英語でＳＮＳをやったことがある。その時に、学生時代の友達から「大嶋さん、元気！？」と英語でたくさんメールが来てしまったが、私はヘタレになる不安のせいで「英語で返信するのが怖くて一切できない！」状態となった。

せっかくみんなコンタクトを取ってきてくれたのに、ヘタレになる不安がものすごいから、ビビってしまって、いつまでも返信できない。返信できないとヘタレになる不安が増幅して、「もう英語でＳＮＳは続けられない」と思いつめ退会した。

ヘタレへの不安がすごいから、外に出た時に「周りの人から馬鹿にされている」という感覚がすごく強くある。

ヘタレになる不安があっても大丈夫

ファーストフードの店員さんからちょっと冷たい態度を取られただけで、ヘタレになる不安がものすごい私。「店員さんから馬鹿にされている」と思い、プッチーンと切れてしまって店員さんに怒ってしまう。手を震わせ顔を真っ赤にして、立場が弱い店員さんに怒っている私はヘタレの極みですね。ちっちゃい犬が尻尾を巻いてお尻を隠しながらきゃんきゃん吠えている感じ。

相手が逆ギレしてきたら、ヘタレになる不安で涙目になってビビって情けない姿を晒してしまう。不安が現実になってしまう。

ヘタレになる不安がものすごい私が何かに挑戦することなんて無理じゃないですか、と思っていると、彼方から優しい声で「ヘタレになる不安があっても大丈夫」という言葉が聞こえてくる。いやいや、ヘタレになる不安があるから外に出るのも怖いし、人と接触するのも嫌ですけど、と声の主に怯えながら伝えてみる。それでも優しい声の主は、「大丈夫」と繰り返してくれた。

「ヘタレになる不安があっても大丈夫」という言葉を頭の中で繰り返してみた時、「あれ？　私って〝怖くてビビっている〟ということで誰かに〝可哀想な人〟って哀れんで欲しいと思っている？」と、これまで自分で気が付かなかった部分が見えてきた。それでも優しい声の主は「ヘタレになる不安があっても大丈夫」と繰り返す。

肝心な場面でヘタレになってしまって、チャンスを何度も逃してしまって時間とお金を無駄にしちゃって、人間関係まで断ち切ってしまった私のどこが大丈夫なの！　と優しい声の主に向かって文句を言い始める。優しい声の主は「ヘタレになる不安があっても大丈夫」と繰り返す。

その時に私は「なぜ私はヘタレになった時、憐れみや慰めを拒絶するのだろう？」と疑問が湧いてきた。憐れみを受けて助けられたって、周りの人たちからヘタレと思われて慰められたっていいじゃない！　と受け入れた時に「もしかして私ってヘタレになる不安で周りの人たちから助けられてきた？」と、すごいことに気がついてしまった。

今まで自分一人で生きてきたと思っていたけど、私がヘタレになる不安があるたびに、陰で私のことを支えてくれる人がいた。ヘタレになる不安で一歩が踏み出せないでいる時、陰で憐れみをもって、応援してくれる人がいたことを、私はすっかり忘れていた。

ともすれば「影で私を憐れむあの人のせいで私は一歩が踏み出せなかった」と、あの人を恨んでいたかもしれない。「ヘタレになる不安があっても大丈夫」という言葉を聞くと、そんなあの人を恨んでしまう自分が可愛く思えてくる。なぜなら、私のヘタレになる不安が強くなればなるほど、影で私のことを見守るあの人の根性は据わっていったから。

私がヘタレになる不安でチャンスを逃せば、それを憐れむあの人は影でチャンスを自分のものにしていたことを私はずっと気づかないふりをしてきた。

「ヘタレになる不安があっても大丈夫」というのは、ヘタレになる不安があればあるほど、私がヘタレでいても安全な環境を作り出すことができるのかもしれない。「ヘタレになる不安があっても大丈夫」と思ってみると「私は一人じゃない」という安心感と共に、内側から不思議な力が湧いてくる。

そう、あなたは周りの人に力を分け与えるエネルギーで満ち溢れていたのですから。

人の気持ちを考えて不安になっても大丈夫

私の中では「英語のブログを書くとしても、もうちょっと時間がある時じゃないと書けないな」と思っていて、とりあえず今の仕事が終わってから考えよう、となっている。

不安があっても大丈夫！　という言葉で「絶対に無理！」だったのが「もしかしたら書けるかも」と希望の光が私の中に灯る。

そんな時に「英語でブログを読むのを楽しみにしています」とおっしゃってくださった方は、私がいつまでも書かないでいたらどんな気持ちになるかなと想像すると、とても不安になってきて、さっきまであった希望の灯火が吹き消されてしまう。

日本語のブログをいつも読んで応援してくださっている方の気持ちを考えたら、「できもしないことを書いてしまって申し訳ないことをした」と、不安になって深く落ち込んでしまう。

私は、人の気持ちを勝手に想像して、いつも不安になって苦しくなる。

例えば朝、会社に行った時に「おはようございます」と同僚に声をかけると、「一瞬だけど目を逸らされた！」がスイッチになってしまい、相手の気持ちを勝手に想像して不安になる。

「頼まれた仕事をいい加減にやったと思われて信用を失ってしまったのかな？」とか、「アドバイスされたことをちゃんとやっていないから嫌われちゃった」などと、思い当たることがシャーロック・ホームズ並みに次から次へと出て「絶対にあの人は私のことをいい加減なダメ人間と思って嫌っている」という思いで不安になり、会社に行くのが億劫になる。

相手の気持ちを想像し不安になっているので、「仕事にちっとも集中できない」という理由で同僚から「いい加減な仕事をやる人」と思われて目も合わせてもらえないし、口もきいてくれなくなってしまう。

食事会に行った時に、先に入った人たちは「わ～い、よく来たね～！」と歓迎されているのに、私が入ったとたんに「シーン」と、お通夜のような雰囲気になってしまった。

その瞬間に、「私のSNSを見て〝大嶋さんって危ない人〟って思われちゃったのかもしれない」と瞬時に浮かんでくるから自分でも不思議。でも、人の気持ちを想像して不安になる私には、相手の気持ちが手に取るようにわかり、何を見て相手は私のことを嫌いになったのか、ということも何となくわかってしまう。

人の気持ちを想像して不安になる私は、相手の前で極度に緊張して墓穴を掘り、嫌われていた。これを専門家の先生に相談した時に「それは自意識過剰の被害妄想だね」と言われて嫌な顔をされてしまった。

「人の気持ちなんて考えたってわからないから！　〝相手の気持ちがわかる〟って思っていること自体があんたの思い上がりで病気だよ！」と病人扱いされちゃった。

私は、「いや先生、私は〝転ばぬ先の杖〟と思って相手の気持ちを考えて適切に対処をしようとしています」と伝える。「相手の気持ちが手に取るようにわかる」って思い上がってやっているわけじゃなくて、「周りの人たちに嫌われないように」と思いやりを持ってやっている、と伝えた。

すると「それをやってどんどん周りの人から嫌われているって言っていたじゃない！　どうしてそんな簡単なこともわからないの！」と馬鹿にされてしまった。

人の気持ちを考えて不安になってしまう私は、専門家の先生に相談した後に「私の気持ちは誰もわかってくれない」と嘆いていた。

私は人から嫌われるのが怖くて、周りの人の気持ちを必死になって考えているのに、専門家の先生はそれを、「みんなが私に注目している」と思い込んでいる自意識過剰な人で、「相手の気持ちが手に取るようにわかる」っていうのは思い上がっている病気だ、と判断して病人扱いされてしまった。

こんな私が、嫌われるのが怖いという気持ちを誰もわかってくれない。私の気持ちをちゃんと理解してもらったという体験を私はこれまでしたことがないと思った時に、「あれ？」と不思議なことに気がついてしまった。

私はこれまで誰からもちゃんと私の気持ちをわかってもらったことがない、と思っている。それなのに私は「相手の表情やちょっとした態度から人の気持ちが手に取るようにわかってしまう」と思っている。周りの人に、不安になってしまうことを相談しても「人の気持ちがわかるとあなたは思い込んでいるだけ」と言われ、私の不安を1ミリも理解してくれない。私はみんなの気持ちが手に取るようにわかるのに。

「人の気持ちはあなたにはわからないはず」と言った人たちは私に対して、「思い込みが激しい痛い子」と思っているのが手に取るようにわかってしまう。私は傷ついて「この人からも嫌われてしまったかも」と不安になる。

「思い込みが激しくて痛い子」という誤解を私が解こうとすると、どんどん相手は私に対して「どんなに説明しても人の気持ちなんてわからない、常識がわからない頭が悪い子」という決めつけをして私のことを嫌いになっていく。

相手と会話をしていて、ちょっとした言葉遣いや表情から、私は相手の気持ちが手に取るようにわかってしまう。相手は私のこの不安をちっともわかってくれないのに。そんな時に「人の気持ちを考えて不安になっても大丈夫」という言葉が頭の中に響いてくる。

これまで誰からも私の気持ちをわかってもらえなかった。だから、「人の気持ちを考えて不安になってしまう」というのは、みんなにない私の唯一無二の能力。

私が相手の気持ちや体調を考えて一生懸命に料理をしたって、相手は黙ってスマホをチェックしながら味わいもしないで食べてしまう。私の相手に対する思いやりや気遣いは相手にはわからない。

でも、私は相手がスマホを見ながら食べたことで、「自分は仕事で忙しいから余計なことをしないでくれ」という気持ちが伝わってきてしまって、「私は大切にされていない」と不安になってしまう。

でも、「人の気持ちを考えて不安になっても大丈夫」と思ってみると、相手には私の気持ちはわからないけど、私には相手の気持ちが手に取るようにわかる優越感のようなものが感じられて「あれ？この人のことはどうでもいいかも！」と思えるから面白い。

電車に慌てて乗った時に、周りの乗客の視線が冷たくて「みんなから嫌われたかも」と不安になった時、「人の気持ちを考えて不安になっても大丈夫」と頭の中に浮かんできた。会社に遅刻しそうという事情をみんなは知らないし、遅刻をすることを私がどんなに恐れているか、乗客は誰一人わからない。

でも、誰も私の気持ちはわからないのに、私はみんなの気持ちが手に取るようにわかる、ということは、ここにいる誰よりも優れている、ということになる。

ここにいるみんなが持っていない「相手の気持ちが手に取るようにわかる」という能力を持っているという優越感。そんな優越感を持った時に「なんであなたたちの気持ちを私がいちいち考えなければいけないのかしら」という高飛車な気持ちになるから面白い。もちろん、この私のこの気持ちも誰にも理解できないと思う。

今まで、何一つ「自分は優れている」と思えなかった私が、初めて「他の人が持っていない能力があるかもしれない」という優越感を持った時に感じられるこの感覚。

この電車に乗っている人たちはみんな、それなりに自由に生きていて、それぞれ誇れるものを持っていて優越感に浸っているから、慌てて飛び乗ってきた私のことを見下した目で見ている。

どんな時でも、私の気持ちをわかってもらえずにみんなから見下されてきた私が、「もしかしたらみんなが持っていない能力を持っているかもしれない」と思った時に、周りの人が持っている優越感を手に入れることができて、周りの人と同じ高飛車な視線を手に入れることができちゃう。

「人の気持ちを考えて不安になっても大丈夫」。

誰一人私の気持ちをわかってくれないのだから、人の気持ちがわかる私の唯一無二の能力だから。

唯一無二の能力だとわかってみたら、「なんでこの人たちのためにこの貴重な能力を無駄に使わなければならないの」と人の気持ちを考えることが、もったいなくなる。

あなたはこれまで大変な環境を生き延びるためにこの能力を磨き続けてきたのだから。

第2章　お金がなくても大丈夫

人と比較してお金がなくても大丈夫

子どもの頃、ケーキを出してもらうと「あの子の方が私よりも大きい！」って惨めな気持ちになってしまっていた。あの子は得をして、小さなケーキをもらった私は損をして、ケーキを切った人から愛されていないという気持ち。

するとケーキを食べていても全く美味しくなくて、目の前で大きなケーキを食べている子と比較して、さらに損をした気分になってしまう。食べても満足感が得られず「もっと食べたい！」と飢餓感のような卑しい気持ちになっていた。

給食の時も、給食当番の子が器によそった量を他の子と比べて、「あの子のよりも私の方が少ない！」とショックを受けていた。あの子は給食当番の子から好かれていて、私は嫌われているから量が少ないと勝手に解釈しちゃう。

大盛りにしてもらった友だちは美味しそうに給食を食べているけど、私は惨めな気持ちになっているから、ちっとも美味しく感じられない。満足感がないから「全然足りない！」という感覚になってしまう。

人と比較してお金がなくても大丈夫

大人になっても同じようなことを私はやっていた。

周りの同年代の人と比べて私の収入が少ないというのを知ってしまい、ショックを受ける。「私の能力がないせいで収入が低い」と絶望的な気持ちになってしまう。

つい最近も「○○先生は自宅も現金で購入して、月に何度も高級ホテルに泊まる生活をしていますよ」と教えてもらい、ショックを受けちゃう。

私は古いアパート暮らしで、高級ホテルなんて修学旅行以来、泊まったことなんてない（もしかしてアメリカで一回あったかも）。

地方に出張に行った時に惨めなビジネスホテルに連泊した時のことを思い出して、「私にはお金がない」とものすごく絶望的な気持ちになってしまった。

この先、どんどん仕事がなくなって落ちぶれてお金がなくなって、そして惨めな生活を強いられるイメージが湧いてきてしまう。子どもの頃と一緒で、「私よりもお金を持っている○○先生はみんなから愛されていて、私は誰からも愛されないで惨めになっていく」というのが「お金がない絶望感」。

人と比較をして、私は損をしている気持ちになって、そして誰からも愛されないでどんどん惨めにお金を失っていく未来が見えちゃう。常に私は誰かと比べて「お金がない」と惨めな気持ちになって、どんどん落ちぶれていく未来が見えて絶望的な気分になってしまう。

ネットで「同年代の人たちの平均年収」というのを見つけると、すぐにクリックして、自分のお金のなさに惨めな思いになって、手がワナワナと震えてきちゃう。

こんな時は、「なんでちゃんと貯金をしてこなかったのだろう。どうしてもっと堅実なお金の使い方をしてこなかったのか？」と自分を責めてしまう。

「どうしてみんなよりも貯金がないの？」と嘆くよりは、「どうしたらみんなと同じくらい貯金ができる？」を考えればいい。でも、「みんなと比較してお金がない」と思ってしまったら、子どもの頃の「人と比較したらケーキがおいしく食べられない」時と一緒の感じになってしまう。

みんなは美味しそうにケーキを食べているのに、私はみんなよりも小さいケーキ。惨めな気分のせいで、味がわからなくなって、さらに損をした気分になっていた。貯金も「みんなはどんどん豊かになっていく」という喜びを感じているのに対して、私は「お金を貯める喜び」というのが全く感じられなくなってしまっているから、貯金できなくなってしまっていた。

さらに「人と比べてお金がない」という思いのせいでどんどん惨めな気持ちになり、誰からも相手にされなくて、お金を失って絶望的な生活をする未来が見えて苦しくなっている。

そんな時に「人と比較してお金がなくても大丈夫」という優しい声が響いてくる。その声が心の中で聞こえた時に「人と比べてお金がないと思っていたから、ハングリー精神が過剰になっていたかも」ということに気がつく。

ケーキが他の子よりも小さくて「あの子の分まで食べたい！」と、人の分まで横取りして食べたいという卑しい気持ちになっていたけど、お金がない今でも同じようなことをやっていた。

お金がないことで、ものすごいハングリー精神になって、周りの人たちの持っているスキルを吸収していた。

お金を稼ぐことと全然関係ないけど、段ボールを効率よく組み立てる、住所を素早く入力するスキルなど、おそらく他人から見たらどうでもいいスキルでも、「お金がない」のハングリー精神で、ものすごい勢いで習得していた。

「お金がない」ために誰からも愛されないで、どんどんお金を失ってしまう恐怖からものすごい飢餓感が湧いたせいで、他の人から見たらどうでもいいスキルをたくさん身につけていた。

それが何一つお金を稼ぐにつながらないのは、お金を稼げてしまったら、このハングリー精神が失われてしまうから。

「他の人と比べて足りない」とか「誰からも受け入れられない」などが「もっともっと！」とか「みんなから受け入れられたい！」という飢餓感を生み出し、目の前の困難にひたすら耐えて、気づかないうちにいろんなスキルを習得していた。

そのスキルも「お金がない」と思ってしまうと色褪せてしまうけど、「お金がなくても大丈夫！」と思ってみると、「お金がなくなって絶望的な生活になってしまうことを想定したら、身につけたスキルは何かの役に立つかも！」と思えるから不思議である。飢餓感がなければサバイバル能力は手に入らなかったのかもしれない。

「人と比較してお金がなくても大丈夫」。

あなたはもう十分に最悪な状況の中でも生き抜けるサバイバル能力を手に入れたから。

時間を節約するお金がなくても大丈夫

夕食後に食器を洗うのが面倒くさくなってダラダラしていると、いつの間にか夜中になってしまう。そんな時に「全自動の食洗機があればこんなに時間を無駄にしなくてもすむのに」と思うのだけど、食洗機を買うお金がなく、時間を節約することができない。

もし、食洗機を買うお金があったのならば、時間を節約できて、ダラダラすることなくさっさと布団に入って寝ることができる。早く起きて、自分のスキルアップのために貴重な朝の時間を有効に使うことができるはずなのに。

現実は、いつものように「お皿洗わなきゃゴキブリちゃんたちが湧いてくる」と思いながらダラダラテレビを見て、いつの間にか寝落ちをしてしまう。途中で目が覚めると、また寝るのが遅くなると後悔する。翌朝、起きた時の気分も最悪で、貴重な朝の時間を無駄にしてしまう。

もし、朝の時間をもっと有効に使えたら、スキルアップして食洗機を買うお金を作れるかもしれないのに、お金がないから絶対に無理、という繰り返しの毎日。

掃除もそう。お掃除ロボットが家にあったらなと思うけど、お金がないために買えない。家は掃除をしなければ埃だらけになってしまい、アレルギーでくしゃみや鼻水が止まらなくなり、だるくて動けなくなる。

掃除をしても、すぐに埃がたまるから、「こんなことをしている時間がもったいない！」と思って、お掃除ロボットを「激安品」で買ってしまう。でも、すぐに動かなくなってしまって「高いお掃除ロボットを買うお金がないから、またお金を無駄にしてしまった」と後悔する。時間を節約するお金がなく、いつも安物買いの銭失いをしてしまう。

クリニックの院長の接待で始めたゴルフも、友人から「ちゃんとゴルフの先生に習った方がいいよ」と教えてもらったのに、「レッスンを受けるお金がない」ために、独学で練習しようとする。

打ちっぱなしに毎日のように通って練習しても、全然上手くならず、院長先生とコースに出た時に「あんたは使えないね！」と言われて、誘われなくなってしまった。

練習に費やした時間を全て無駄にしたせいで、「二度とゴルフなんてやらない！」という思いになってしまう。

多分、ちゃんと計算すれば、ゴルフのコーチにお金を払って教えてもらった方が時間は短縮できるし、結局独学で練習に通っていた金額よりもはるかに安かったはず。

夏の暑い時に、買い物を頼まれてたくさんの袋を抱えて店から出た時に「タクシーに乗って行ったら、あっという間に現地に到着するだろうな」と思うのですが、タクシーに乗るお金がないので重い荷物を持ちながら歩き出してしまう。

そして、職場に到着した時は汗びっしょりでくたくたになってしまっていて、仕事にならない。「また貴重な時間を何時間も無駄にしちゃった！」と後悔してしまう。

お金がある人たちは、お金を払って時間を節約してスキルを上げ、私を追い越していく。どんどん年収が上がり、さらに時間を節約するためにお金を払ってスキルを上げていく。しかし、お金がない私は置いてけぼりで、遠く離れていくみんなの背中を眺めている。

時間を節約するお金があったのならば、もっと時間を有効に使ってスキルアップができて、みんなと同じように収入もアップすることができたのに、と羨ましく思ってしまう。

こんなふうに落ち込んでいる時、「時間を節約するお金がなくても大丈夫」という優しい声が私の中に響いてきた。

すると私の中に厚切りの食パンに、ガッツリとバターを厚く塗って、その上にジャムをべったり塗ったイメージが浮かんでくる。私はバターやジャムをべったり厚く塗って頬張るのが好きなのよね、と思った時、「私は時間を無駄にしてきたと思っていたけど、濃厚な時間を過ごしていたかも」という考えが浮かんできた。

文句を言いながら夜中に皿を洗っている、あの時間の記憶が私の頭の中にこびりついている。洗っている時に、どんな文句を言っていたのかまで詳細に思い出せる。

ゴルフの練習を独学でやっていた時の周りの人たちの姿とか、その時の会話などもリアルに思い出せてしまう。それは、時間を贅沢に使って濃厚な時を過ごしていたから。

タクシーに乗らずに炎天下の中を重い荷物を両手にぶら下げながら歩いてきた時のことも、足取りの一歩一歩まで記憶に残っている。時間を無駄にしたというよりも、贅沢に濃厚な時間を過ごしたことになる。

そう、薄い食パンに薄く塗ったバターとジャムの印象は残らないけど、べったりと贅沢に塗った濃厚なジャムの味はなかなか忘れることができない。

ロボット掃除機を買うお金がないから、「なんでこんな時間を無駄に使わなきゃいけないの！」と文句を言いながら丁寧に掃除機をかけている時の濃厚な記憶もベッタリと頭の中にこびりついていて、「自分はやり遂げた」という誇りになっている。

時間を節約するためのお金がなくて時間と労力を無駄にしてきた、と思ってきた。でも、無駄と思った時間と労力は濃厚な記憶となり、私の中で記憶が積み重なって厚い誇りの層を生み出していた。

その誇りの層は、「自分の力で何かを成し遂げられる」という純粋な思いをさらに濾過してくれている。

「時間を節約するお金がなくても大丈夫」

これまで堆積してきた誇りの層は、私の純粋な思いを本当にやりたいことへと濾過して降り注ぎ、潤してくれるから。

「時間を節約するお金がなくても大丈夫」

あなたの純粋な思いはすでに周りに十分に染み渡っているから。

自分にかけるお金がなくても大丈夫

友達の子どもを回転寿司に連れて行った時に、子どもたちは金や銀の高額な皿をバンバン取って食べている。その横で私は、「お金がないから１００円の皿で」と、イカやタコを食べてしまう。

子どもたちが美味しそうに食べているのだから、自分も一緒に美味しいものを食べればいいじゃないと周りの人から言われるけど、「自分にかけるお金がない」と思って、安いものをちょっとしか食べない。

後輩と食事に行った時も、「好きなものを食べていいよ！」と言うけど、自分は最低限の注文しかしなくて、食べるふりをして後輩が美味しそうに食べているのを見ている。「どんどん食べて！」と勧めるけど、自分は「お金がない」と、食べるのを控えて残り物を「もったいない」と、みんなが食べ終わった後に処分する感じ。

これを友達と食事に行った時にやると嫌われる。

「あなたのそういうところが嫌いだ！」とはっきり言われたことがある。

自分だけいつも安いものを頼んで、お金のないことをアピールする必要がどこにあるのと言われた。

でも同情してほしいわけじゃなくて、本当に私は自分にかけるお金がないだけ。

それでいて、久しぶりに友達に会いにいくとなると、「おみやげを買わなきゃ」と、高いお土産を買っていく。高いお土産を買ったから自分に使うお金がなく、遠方に出かけても何も買わずに帰ってきて、近くのスーパーで割引弁当を探して食べている。

洋服を買う時は、絶対に「セール品」でなければ買わない。

「いいな～！あのシャツ！」と思っても、「自分にかけるお金がない」と思っているから定価で買ったことがない。

だから服を選ぶ時は、「割引」とか「セール品」になっているものの中からしか選ばない。

パンツだって穴が空いたら捨てればいいのに、「自分にかけるお金がない」と思っているからいつまでも捨てないで履き続けている。近くのドラッグストアで３枚１０００円のパンツを買ったら、ゴムがすぐにゆるくなってしまい、「これじゃあパンツの意味がないじゃん！」と思いながらも履き続けてしまう。

温泉や海外旅行に行きたいなと思っても、自分にかけるお金がないから、テレビで旅行番組を見て、「いいな〜！」と旅行に行った気分に浸る。温泉に行って風呂に入るのが本当は大好きなのに、家のお風呂でいいやと思ってしまうのは、自分にかけるお金がないから。

すごいスキルアップができるセミナーがあると紹介された時、「自分にかけるお金がない」から本を取り寄せて読む。「セミナーを受けたつもり」で必死になって本から技術を習得しようとする。

それだけ「自分にかけるお金はない」と思って節約生活をしているのなら、貯金が溜まるでしょと言われるのですが、本当に貯金が全然ない。

なぜなら、「あの人はこれが好きかも」とか「あの人だったらこれを気に入ってくれるかも」などと人のためにお金を使ってしまうから。もっと滑稽なのは「あの人だったらこの製品があっているかも」と、自分が必要ない電化製品や便利グッズを買って、あの人のために試している。

「あの人だったら」ということを想定して試しているから、使い続けることがなく、無駄な便利グッズがどんどん家の中に増えてしまう。そんな感じで無駄にお金を使っているので、全然お金が貯まらないから「自分にかけるお金がありません」になってしまう。

そんな私に「自分にかけるお金がなくても大丈夫」という優しい声が聞こえてくる。

なんで？　人のためにお金を使っても、感謝も尊敬もされないけど。

「自分にかけるお金がなくても大丈夫」を聞くと、「私は他人のために人生を生きてきた」と振り返ることができるから面白い。

何をするにも他人のためであって、本当に自分のためにやっていたことなんて何一つなかったかも、と思えてくる。

みんなの幸せを心から追い求め続けてきて、そして私はどんどんお金がなくなって貧乏になる。

高いパソコンをローンで買っちゃった時も「一生懸命に働いているこの店員さんの売上のため」と思っていた。

「自分にかけるお金がなくても大丈夫」

なぜなら、私はそれをすることで自己犠牲を周りに振り撒くことができたから。振り撒くことで、私が本当に必要としていた人たちは私のことを気持ち悪がって私の元から去って行った。私が本当に必要としていた人たちは、私の自己犠牲なんて必要としていなかったから。

興味深いのは、私が誰かから自己犠牲を受けた時、「私はそんなものを受け取る価値がない」と自己犠牲を振り撒く人の近くに居られなくなって静かに去っていく。

「自分にかけるお金がなくても大丈夫」

自分にかけるお金をなくすことで、十分に自己犠牲を振り撒いて、自分にとって必要な人たちを遠ざけてきたから。

私にとって必要な人たちを遠ざけることで、誰にも頼ることなく一人で自身を鍛え続けてきた。

「自分にかけるお金がなくても大丈夫」

もう、あなたは十分にあなたが必要とする人と対等にお付き合いができるまでに鍛え上げられたのだから。

やりたいことをやるお金がなくても大丈夫

足を怪我してしまって、「病院に行って縫ってもらわなきゃ血が止まらないかも」と傷口を眺めならが考えていた。

そんな時ある人に「お願いですから若返りの遺伝子コードを唱えてみて！」と伝えてみたけど、頑なに唱えてくれなくて、「唱えるだけで病気の症状が改善されるかどうかを確かめたかったな」と思っていたことを思い出す。

あの人に「唱えるだけで変わるのに！」と伝えたことを思い出し、「そうか！　ここで私が〝病院に行ってお医者さんに縫ってもらわなきゃ〟と言っていたらアウトだよね」と気づいて、若返りの遺伝子コードを唱えながら怪我をした足を引きずって歩く。

するといあんなに大きな怪我をして血が止まらなかったのに、若返りの遺伝子コードを唱えたらあっという間に血が止まった」と、びっくりする。さらに唱え続けていると、普通に歩けるようになってくるから面白い。

そこで私は、「若返りの遺伝子コードについての研究がしたい」と思うわけです。

ただ、研究してもやりたいことをやるお金がないので、やりたいことがちっとも実現しない。「若返りの研究がしたい」とずっと言っているのですが、周りの人たちも「言っているだけでちっとも実行しないじゃん」と、やるやる詐欺状態になるのは「やりたいことをやるお金がない」と思ってしまうから。

お金があって、それが実現できたらどんなに素晴らしいことになるだろう、という想像はできるのですが、「やりたいことをやるお金がない」。だから絶対に実現しません。

私はずっと「やりたいことをやるお金がない」に苦しめられてきました。

美味しい料理を作りたいのに「お金がない」からいつも決まったものしか作れない。お金があったら広いキッチンでいろいろな食材を調理して美味しいものが出来上がるのに、アパートの狭いキッチンでは玉ねぎを切っただけで、それ以外のスペースが全然使えない。こうなると、まともな料理が作れない。

お金がないので、広いキッチンがあるアパートに引っ越せない。だから美味しい食事を作りたいのに作れない。そして、毎日、ポテトチップスをバリバリ食べている。

やりたいことをやるお金がないから仕方ないよな、と呟きながらボリボリ食べている私。子どもの頃からずっとこれでした。

「やりたいことをやるお金がないからできない」でいろんなことを途中で放り出して諦めちゃう。

一生懸命に勉強をして優秀な成績を取って、お父さん、お母さんを喜ばせたいと思っているのだけど、「お金がなくてまともな筆記用具が買えないから勉強ができない」という理由で、両親を喜ばすどころか怒らせていた。

みんなはお金があって、まともな筆記用具を持っていて、ノートにちゃんと書き込んでやりたい勉強に集中できているけど、私はお金がなくてダメダメな筆記用具しかないから、消しゴムで間違ったところを消そうとしたら、どんどんノートが汚くなっちゃって、それが気になって勉強にちっとも集中できない。

お金があったら参考書をたくさん買って勉強をして、みんなよりも優秀な成績を取って尊敬されるはずなのに、お金がないから参考書が買えずにちゃんと勉強ができない。

勉強をしたいけどお金がないから勉強ができない、で成績は赤点ばかり。

こうして振り返ってみると「やりたいことをやるお金がない」っていうのを言い訳にしているだけ

ではと、自分を責めたくなってしまう。

「やりたいことをやるお金がない」を言い訳にして、勉強も料理も研究もサボっているだけ。いや、サボっているのではなくて、本当はそれらをやる能力がないだけなのかもしれない。

　頭が悪くて勉強ができないのを「お金がないから勉強ができない」にしちゃって頭の悪さをただ認めていないだけ。

　料理にしたって本当は下手くそなのに、それを認めたくなくて「自分は料理がうまい」と思い込みたいから「お金がない」で現実から逃げているだけなのかも。

　研究だって何も成果が出せない中身のない人間だということをみんなに知られたくないから、「お金がない」ということを理由にしているだけかも。

　そんなことを考えていたら「やりたいことをやるお金がなくても大丈夫」という言葉が頭に浮かんでくる。

「やりたいことをやるお金がなくても大丈夫」を自分の中で繰り返してみると、「もしかして、お金のせいでやれなかったことで私の想像力はどんどん豊かになっていったかも」ということに気がつく。

「やりたいことをやるお金がない」という不満が私の想像力の源となり、「お金さえあれば、こんなこともあんなこともできるのに」と、自分の現実とはかけ離れた世界を想像させてくれていた。

「やりたいことをやるお金がない」でどんどん想像力が膨らんで、イメージの中の私はどんどん大きくて素晴らしくて立派な存在へと変わっていた。

等身大の自分じゃなくて、「やりたいことをやるお金がない」の想像力で膨らませた大きな自分になっていたのは、過酷な現実世界で傷つけられてもダメージを最小限にするため。

等身大の小さな自分が周囲の現実に傷つけられてしまうと、そのダメージに耐えられなくなる。なぜなら、次から次へと過酷な環境で傷つけられるのだから。

想像力が膨らんで大きくなった自分だったら、傷は傷だけど小さな自分が受けるダメージと比べると少なく、再び「やりたいことをやるお金がない」から生まれた想像力で自分を膨らませるので、すぐに回復して、過酷な現実世界で生き延びることができていた。

「やりたいことをやるお金がない」というストレスで想像力を膨らませて「やりたいことをやるお金さえあれば自分はすごい！」と思うことで、トゲトゲしい現実社会のダメージを緩和しながら生きてきた。

過酷な環境のトゲトゲしい言葉に刺されて、「シュー」っと大きくなった自分が萎んで小さく惨めになる。でも「やりたいことをやるお金がない」と思うことで、すぐにまた膨らんで大きくなって再び刺されて小さく萎む、これを繰り返していた。

その棘に等身大の小さな私が刺されていたら生き延びられなかったけど、想像力で膨らました私だったから、刺されてもただ等身大の小さな自分に戻るだけですんでいた。

もちろん想像力で膨らましてしまった私だから、的が大きければ棘のターゲットになりやすくて、集中砲火を受けてしまうけど、「やりたいことをやるお金がない」と思うことで想像力がすぐに膨らんで私を大きくさせてくれるから、その中に居る小さな私はこれまで本当の意味で傷つかずに生き延びることができた。

「やりたいことをやるお金がなくても大丈夫」

もう、あなたは等身大の自分になっても、十分に生き延びられるぐらい成長したのだから。

これまで守り抜いてきた等身大の自分はもう成長しているから、誰も傷つけることができないのだから。

ストレスでお金がなくても大丈夫

仕事をしていて、お客さんから不快な態度を取られて「嫌だな～」という気分になった時、「このむしゃくしゃした気持ちを解消したい！」と思ってコンビニに行ってちょっと高い惣菜などを買ってしまう。

普段は買わないようなものを買ってしまうのですが「いいよね、あんなに嫌な思いをしたのだから！」と自分に言い聞かせながらカゴに入れてしまう。

レジに行ったら「これってコンビニで払う金額？」というぐらいになっていても、「あんなストレスを受けたから当然！」と思ってしまう。

プレゼンテーションをみんなの前でやらなければいけなくなった時に「思ったよりも上手くプレゼンテーションができなかった」となると、ストレスを感じてしまう。何であれだけ一生懸命に用意したのにうまくいかなかったの～、というストレスを解消したくて、帰りの電車でスマホゲームをしてしまう。悪いことに、「このストレスを解消するためには仕方がない」と、たくさん課金してしまう。

子どもの頃はゲームセンターとか駄菓子屋さんがストレス発散の場でしたね。

ストレスでお金がなくても大丈夫

みんなにいじめられてむしゃくしゃしている時、駄菓子屋でお小遣いを無駄に使ってしまい、「お金がない！」と後悔することもあった。

テストで赤点を取ってしまって、「このまま家に帰れない」とストレスまみれになってゲームセンターでゲームにお金を注ぎ込み、「ストレスでお金がない」という状態になってしまっていた。

最近では「職場の人と話が通じない」というストレスで、なぜか百円ショップに行って便利グッズを買い漁り、使わないグッズがどんどん増えていく。「安いからいいか！」と買い漁ってしまうのはストレスを解消したいから。

そして、私は百円ショップ通いなのに、「ストレスでお金がない」となって、食事をしに行った時にお財布を見たら「うゎ！お金が足りない！」と、慌てて同僚に頭を下げてお金を借りていた。

私の仕事はストレスフルだからストレスでお金がない、となってしまう。

以前は「職場環境がものすごいストレスだからお金がない」となっていた。

社会人なのに仕事が終わったらゲームセンター通いをして、「職場のストレス解消」をしていた。

子どもの頃は「学校のストレスでお金がない」とか「家のストレスでお金がない」になっていた。

よく「お金がかからないストレス解消法があるでしょ！」と言われるけど、そんなことでは私のストレスは解消されない、あなたは私が抱えているストレスの大きさをわかっていない、と思ってしまう。そして、ひたすら家や職場、そして友人関係のストレスを解消するためにお金を使ってしまい、

「ストレスでお金がない」となる。

ストレスを解消するためにインターネットショッピングで便利グッズやプレゼントなどを、ついクリックして買ってしまう。

ストレスがない環境だったらお金が貯まるはずなのに、「お金がない」ことがさらにストレスになってまた買い物をして、どんどんお金がなくなる循環になっている。

ストレスをあまり感じない人たちはどんどんお金がたまっていき、豊かになってさらにストレスから解放されるといういい循環になっている。対して私は「お金がないこともストレス」になってしまっているから、どうやったってこの悪循環から抜け出せない。

お金がないストレスを抱えていると、ストレスを与えてくる原因がどんどん周りに増えていき、ストレスを解消するために当たりもしない宝くじを買ってしまって、これもまた「お金がない」につながっている。

そんな私に「ストレスでお金がなくても大丈夫」という優しい言葉が聞こえてくる。

すると「私は周りの人たちのストレスを背負っていたから、お金がなくなっていた！」ということに気がつく。

私は自分のストレスを私のために解消していると思っていたけど、「あれ？　こんなにお金がなくなるまでのストレスってことは、人のものをいつの間にか自分のストレスとして解消していたかも」という面白いことが見えてきた。

確かに子どもの頃、いじめっ子たちはストレスを抱えているから私をいじめていたわけであって、そのいじめっ子たちのストレスを私が知らないうちに請け負ってしまっていたから、おかしなことになっていた。

両親はストレスを私にぶつけていたから、両親のストレスを背負って「家にいることがストレス」になり、それを解消するためにゲームセンター通いで、お金を使っていた。

仕事でも、お客さんのストレスを私が請け負ってしまうから、いくらお金を使ってもストレスが解消できない。ゲームで課金したり、百円ショップでストレス買いをしていたかも。

みんなのストレスを請け負って、そして私のお金を使ってみんなのストレスを解消していた。誰からも感謝されることはないのに。

「ストレスでお金がなくても大丈夫」

もう、周りの人たちのストレスを十分に解消してあげてきたから。

「ストレスでお金がなくても大丈夫」

あなたはこれまでみんなのストレスを請け負い続けて、ものすごいストレス耐性をすでに手に入れているから。

安心できるお金がなくても大丈夫

子どもの頃から「家にはお金がない」と言われてきて、「安心できるほどのお金がないと嫌だな」と思っていた。

でも、大人になっても、「あれ？　あんなに嫌がっていたのに安心できるお金がない」と気づいて、びっくりする。

いつもお金がギリギリの生活をしていて「安心できるお金がない」と、笑えてしまう。

「あなた！　ちゃんと稼いでいるでしょ！」と言われたこともあるけど、給料日前にはちゃんとお金がなくなっていて、狭いアパートで床に座って「パンとチーズだけの生活」を満喫していた。

お金がなくてお腹を空かせている私を上司が見かねて、「大嶋さん、一緒にランチに行きましょう！」と誘ってくれる。

「いや、給料日前なのでお金がなくて」と伝えると、「いいわよ、奢ってあげる！」と言われて、ものすごく嬉しかった。

「安心できるお金がなくても大丈夫」

なぜなら、人の優しさと思いやりに触れることができるから。

「安心できるお金がなければ絶対に嫌」と思っていたのは両親を見ていたから。

父親は問題のある人を拾ってきては社員として雇い、私は「またボランティアみたいなことをやっているよ」と思っていた。だから、家に入れるお金がない。

母親の妹が父親の会社で働いていたので、会社の情報が母親に流れてきて「また変な人を雇っているわよ」と母親が私に愚痴を言う。

私は父親に対して「なんでもっと家のことを考えて安心できるお金を増やさないの？」と思っていた。

でも、父親の会社でアルバイトをするようになって、歯がなく何を喋っているのかわからないおじさんとか、酔っ払ってお巡りさんと喧嘩しちゃう怖いおじさんなんかと働いていて、誰もが「安心できるお金がない」様子だったけれど、みんなと仕事をしていて一体感を感じていた。

みんな揃って「安心できるお金がない」ので、給料日前などは皆揃って安い定食屋さんを探し回っている。

暑い夏に工事現場で働いていた時、ジュースを買うお金がみんななくて「いいな～！」とジュースを美味しそうに飲んでいる人を眺めている時が楽しかった。

「江戸っ子は宵越しの銭は持たぬ」という言葉をよく父親が使っていて、「何をアホなことを言っているんだ」と思っていたけど、安心できるお金がない時の方が人情を感じられる。

歯のないおじさんに１００円のジュースを奢ってもらった時、涙が出そうになるくらい嬉しかった。

仕事をするようになって、いつの間にか父親と同じような立場になり、「私も父親と同じようなことをしている！」と気がついたのは、「安心できるお金がなくても大丈夫」という言葉のおかげ。

「安心できるお金がなくても大丈夫」と思ってみたら、父親と同じことをしていたのでびっくりしちゃう。

友達の弁護士さんがオフィスに来た時に、「なんでこんなに大きなオフィスを借りちゃったの？　そんな余裕がないでしょ」と説教をされた。

本当は「江戸っ子は宵越しの銭は持たぬ」という台詞を弁護士さんに言ってみたかったけど、さらに怒られそうだったので「みんなが気持ちよく過ごせる場所を作りたくて、こんな物件を借りちゃいました」と伝えていた。

安心できるお金をものすごく持っていたお友達だったので、「なんてダメな人間！」と思われたみたい。

「安心できるお金がなくても大丈夫」

人の優しさにたくさん触れることができるから。

郵便はがき

103－0014

東京都中央区日本橋蛎殻町1丁目
35―2　グレインズビル5階52号

青山ライフ出版

読者カード係　行

恐縮ですが、
切手を貼って
お出しください

通信欄

ご意見・ご感想などお寄せください。小社ウェブサイト（http://aoyamalife.co.jp）で紹介させていただく場合がございます。あらかじめご了承ください。

読者カード

青山ライフ出版の本をご購入いただき、どうもありがとうございます。

●本書の書名

●ご購入店は

・本書を購入された動機をお聞かせください

・最近読んで面白かった本は何ですか

・ご関心のあるジャンルをお聞かせください

・新刊案内、自費出版の案内、キャンペーン情報などをお知らせする青山ライフ出版のメール案内を（希望する／希望しない）

★ご希望の方は下記欄に、メールアドレスを必ずご記入ください

・将来、ご自身で本を出すことを（考えている／考えていない）

（ふりがな） お名前	
郵便番号	ご住所
電話	
E メール	

・ご記入いただいた個人情報は、返信・連絡・新刊の案内、ご希望された方へのメール案内配信以外には、いかなる目的にも使用しません。

「安心できるお金がなくて嫌だ」と、もがいている時には、人の優しさなんてちっとも感じられないだろうと思っていた。むしろ、お金を持っていないと馬鹿にされ、冷たくされるイメージまで湧いてくる。

でも「安心できるお金がなくても大丈夫」と思ってみると、「あれ？　安心できるお金がない方が人の優しさに触れてきたかも」と気づき、周りの人の思いやりや優しさが感じられ、その時の嬉しさと感謝の気持ちが再び込み上げてくる。

クリニックで働いていた時も「江戸っ子は宵越しの銭は持たぬ」という気前で、給料前にはお金がない。蕎麦屋さんで一番安いざるそばを頼んで後からくる蕎麦湯でお腹を満たそうとしていたら、そこに五十路を超えた先輩が入ってきて「A定食をふたつ！」と注文をした。

先輩、二つも召し上がるのですかと聞いたら、「一つはあんたが食べるの！」と言ってくださって、あまりにも嬉しくなって先輩に見られないように涙を白衣で拭った覚えがある。

「安心できるお金がなくて大丈夫」

クリニックには私を目の敵にして「大嶋さん！　余計なことをしないでください！」と注意してくる保健師さんがいた。私は、その人のことを考えると職場に行くのがものすごく嫌だった。

でもある給料日前、その保健師さんから「大嶋さん！」と呼ばれた時に「また説教をされるのか」

と思ったら、「一緒に外に行くわよ」と言われて、連れて行かれたのが寿司屋だった。

それまで食べたことがないような寿司を注文してくださって「この人はいい人だ！」と感謝の気持ちでいっぱいになった。

人って信用できなくて冷たい、と思ってきたけど「安心できるお金がなくても大丈夫」と思ってみると過去の人の人情が心に沁みてくる。

「安心できるお金がない！」と思っていると、自分が損をした時のことばかり思い出されて焦りと苦しさでいっぱいになる。

でも「安心できるお金がなくても大丈夫」と思ってみると、人の優しさに触れてきたことが思い出されて、これから先のことが楽しみになる。


「安心できるお金がなくても大丈夫」

安心できるお金がないからその日その日は一生懸命に動かなければならないけど、得られたもの、与えられたものの喜びや感謝の気持ちが溢れてくる。

安心できるお金がないと、不平や不満だらけで冷え切った私の心に温かい光が差し込む。


「安心できるお金がなくても大丈夫」

あなたはこれまで十分に人の心を思いやりで満たしてきたから。

強気になれるお金がなくても大丈夫

私には強気になれるお金がない。

だから、いつも弱気である。

強気になれるお金があったならば、どんな職場でも「私は私のやりたいように仕事をやります！」と強気で仕事がバンバンできてすごいことになっていたはず。

どんな上司に対しても、強気になれるお金があったのならば対等に渡り合うことができて、職場環境や会社全体まで変えることができたかも。

強気になれるお金がない私は、横暴な上司から無茶振りをされた時に「はい！　わかりました！」と揉み手をしながら引きつった笑顔で要望に応えてしまう。そして、無茶振りにちゃんと応えたはずなのに、弱気な私はオドオドして挙動不審になってしまうので、上司から「何であなたは余計なことをしたの！」と怒られてしまう。

私が弱気になればなるほど、横暴な上司はどんどん態度が大きくなり、職場の雰囲気が悪くなる。

周りの人たちは私が弱気になって上司に反論しないからどんどん横暴さを増長している、と私を影で責めている。

強気になれるお金があったら、そんな上司にガツンと言ってやれるのにと思う。

友達から旅行に誘われた時に、強気になれるお金があったのならば「おう！　行こうぜ！」と喜んで誘いに応じて、みんなを引っ張っていくくらい、旅行を楽しむことができる。

でも、強気になれない私は「皆さんで旅行に行きませんか？」と誘われた時に、「あ、はい」と、ひどく中途半端な答えかたをしてしまって、「行くの？　行かないの？　どっちなの？」とイライラさせてしまう。結局自分で決められず、「あの人が行くなら」と、人の判断を頼りに決めてしまう。

行くことを決めても、強気になれるお金がない私は「行きたくないな～」と直前までウジウジと考えてしまう。旅行先でもいつもお財布のことを心配してしまって、みんなと一緒に楽しめず、結局次からは誘ってもらえなくなって、友達の輪から外されてしまった。

友人の誕生日プレゼントを買う時も、強気になれるお金があったのならば迷わず決められるけど、私は「何をあげたらいいの？」と、いつまでもウジウジ悩む。結局ものすごく迷って用意したプレゼントを渡した時に、「あんまり喜んでもらえなかったかも？」と不安になってしまう。

そう、強気になれるお金がない私はいつも相手の反応を気にしてしまって、「自分が決断したことがよかった」という満足感が得られない。常に周りの人の反応ばかり気にしてしまっていて、自分で何かを決断することができない。

強気になれるお金があったのならば、迷わず自分で決断をして、「やってよかった！」と、その時その時に満足感が得られるから、人間的にどんどん成長できる。それがない私は、いつまでも成長できず、怯えている小さな子どもの気分のままで縮こまっている。

そんな私の心の中に、「強気になれるお金がなくても大丈夫」という言葉が響いてくる。

すると、「強気になれるお金がなかったから私は学校を1日も休むことがなかったのかも！」と、面白いことに気がついた。

先生から突き飛ばされても、友達からいじめられても、成績が最下位でも、強気になれるお金がなかったから「お金を無駄にできない」と学校に行き続けていた。

英語ができないのに、「海外で心理学を勉強したい」と考え留学した。留学先の学校で全く授業についていけないのに、強気になれるお金がなかったから「絶対に帰国できない」と寝ずに勉強をし続けて、いつの間にか学校を卒業できていた。

「強気になれるお金がなくても大丈夫」

強気になれるお金がなくて、大変な環境の中でいじめられたり蔑まれたりして耐え抜く精神力を手に入れることができたから。私の中に「耐え抜いてきた精神力」という誇りのようなものが不思議と芽生えてくる。

強気になれるお金がなくて、横暴な上司や友人から馬鹿にされて蔑まれて、踏み躙られてきた、と思っていた。でも私は横暴な人たちに蔑まれて踏み躙られることで謙虚な人たちの美しさがわかるようになっていることを実感している。そして、弱気で臆病だと思っていた私の中にも、しなやかな謙虚さが根付いていた。

強気になれるお金がなくて、消極的で主体性がないからみんなから嫌われると思っていたけど、私は常に精神力を鍛えるため、そして謙虚を身につけるために友人関係を選択してきたのかも、と思えてくる。

「強気になれるお金がなくても大丈夫」

友達から蔑まれて切り捨てられることで、さらに謙虚になり、そして誰にも頼ることがなく1人で辛い試練に耐え続ける強い精神力を手に入れる。そんなことをもししてきたのだったら、何のためにそんな謙虚さと精神力を求めてきたの？　と自分に問いかけたくなる。

「強気になれるお金がなくても大丈夫」

そう、そこに私は美しさを見出していたから。

「強気になれるお金がなくても大丈夫」

あなたはもう、十分に内なる美しさを手に入れているのだから。

貯金がなくても大丈夫

子どもの頃は貯金箱、ちょっと前までは銀行通帳、そして最近ではインターネットバンキングの口座をチェックすると、「ぴえん超えてぱおん」となるのは「貯金がない！」から。

イエス・キリストがお金のことで面白いことを言っていた。

どんな人でも二人の上司に従うことはできない。なぜなら、片方の上司を愛して、そしてもう片方を嫌ってしまうから。だから、人は神様とお金を同時に大切にすることはできない、と読み取れる内容だった。

これをわかりやすくすると、ドラマで「私と仕事どっちが大事なの！」とパートナーが相手に対して追求する場面が思い浮かぶ。パートナーが「相手を幸せにするためにしっかりと稼がなきゃ」と仕事を一生懸命にやっていたら、相手は「あの人は私よりもお金を愛している」と怒りを感じてしまうということ。

そんなことを考えてみると「あれ？　貯金が全然ないということは、お金よりも愛しているものがある」ってことになる。

お金を愛していたのならば貯金できていたはず。お金と他のものを同時に愛することができないから、私はお金よりも他のものを愛することをしてきたことになる。

私はお金よりも何を愛してきたの？　と振り返ってみる。すると「もしかして、世間体をお金よりも大切にしてきたかもしれない」と思い浮かぶ。イエス風に言ったら「世間体とお金を同時に愛することができない」ですね。世間様から悪く思われることを恐れてしまうことが、世間様を愛していることになる。

世間様から愛されたくて正しいことをしてしまい、お金を邪険に扱ってしまう。世間様を恐れることでいつも積極的になれないでお金を疎んじてしまってきた。ちなみにイエスの世界では、「神を恐れる」が「神を愛す」ということになっているから、「世間を恐れる」が「世間を愛する」ということになっている。

世間様から悪く思われていたら、私は消えたくなってしまう。それって恋人から嫌われたら消えたくなるのと一緒で、「それほど世間様を愛しているの？」と思ってみると興味深い。

でも、私は「世間様を愛している」ではピンとこないので、世間体を気にしていた母親が世間様の象徴であって、「お金よりも母親を愛する」からお金を邪険にしてきたのかもしれない、と思うわけです。

世間体を気にしていると思っていたけど、母親が世間体を気にして「周りの人に気を使いなさい」とか「人から尊敬されるような優しい人間になりなさい」や「世間からバカにされないような優秀な人間になりなさい」というような教えを忠実に守ってきた。「私がそうしたいから」と思っていたけど、実は「母親教」の教えを忠実に守っていただけで、「教えを守ることで母親を愛する」となっていたからお金を憎んでいた。

こんなことを考えてみて、「お金よりも母親を愛してきたかもしれない」と素直に認めることができるから、「これはもしかしてもっと違うものを愛していたのかも」と思えてくる。なぜなら、素直に認められるものって本当に愛しているものとは違っている可能性があるから。ずっと母親教に苦しめられてきたのに、「お金よりも母親を愛していた」と素直に認めちゃうのは、何かを隠しているから。

子どもの頃に友達から、「お前、あの子のことが好きだろ」と言われた時に、全然違う相手だったら「うん、好きだよ！」と素直に認めることができる。でも、本命の子を指摘された時に、顔を真っ赤にして全力で否定していた。墓穴を掘っていたのだ。

私が顔を真っ赤にするような好きな人は「自分様」です。

お金よりも自分の考え方、価値観、自分哲学などを大切にしてきた、と思った時に、私の顔は赤くなってものすごく否定したくなる。

「自分様教の神」をお金よりも大切にしてきた、と思った時に全てが腑に落ちる。

そういえば「もっと自分を捨てればお金持ちになれるのに」と思ったことがあった。

自分の凝り固まった考え方を捨てれば、みんなからもお金からも愛されていたのに、イエスが言う通り、人はお金と自分様との二人の上司に従うことができない。

貯金できないような不器用な生き方をしてきたと思っていたけど、「自分様」を最も愛していたからお金を邪険にしていただけ。

職場の上司に言われた通りに動けば給料アップになっているはずなのに、「自分にはそんなことはできない」と自分様の理念を決して曲げない。それほど自分様を愛してきた。


「貯金がなくても大丈夫」

イエスは神様を愛して、「地上にお金を貯めるのではなくて天に宝を積みなさい」と言っていたけど、私は自分様にお金をこれまで積み上げてきたから。

「あの時あれをやっていたら、ものすごいお金が稼げていたのに」と後悔することが頻繁にある。けれど稼げていたかもしれないその金額を自分様に積み上げてきた。

「こんなに一生懸命に生きてきたのだから、もっと貯金があってもいいはずなのに」と思う「もっと貯金があっても」という金額が「自分様にお金を積み上げてきた金額」です。

「本来、貯めていてもおかしくない貯金がない」というのは、イエスの「天に宝を積み上げる」というのと一緒で、「それだけの金額を自分様に積み上げてきました」ということ。


「貯金がなくても大丈夫」

自分様を愛して、自分様の考え方、理念、哲学を愛するために、私は莫大なお金をこれまで自分様に積み上げてきた。

私は、周りの人と比べて自分は価値がない人間だと思ってきて、自分自身のことを愛することができないと感じていた。でも、実際にやっていたことは自分様のことを愛するが故に、莫大なお金を自分様に積み上げてきていた。

なぜなら、お金を愛していたらあるはずのお金が一切ないから。

本来、その口座に入っていてほしいだけの金額を私は自分様に積み上げてきて、それほどお金よりも自分を愛することをしてきたのだから。


「貯金がなくても大丈夫」

これまで莫大な金額を自分様に貢いできたのだから、これからは自分様がたくさんの祝福を与えてくださるから。

「貯金がなくても大丈夫」

もう、あなたは十分に自分に宝を積み上げてきたのだから。

第3章　落ち込んでも大丈夫

言いたいことが伝わらずに落ち込んでも大丈夫

言いたいことが相手に伝わらないと、「ガーン」とショックを受けて落ち込んでしまう。

ゴミ置き場にカラス除けネットをかけているのですが、最近はカラスがネットの上からゴミを突いて散乱させてしまう。ゴミが撒き散らされて汚いので「しょうがないな～」と私が掃除をしていた。

ご近所さんもゴミが散乱しているところは見ているはずなのに、「あれ？　誰も掃除しない」となって、ちょっと不満を感じる。

「なんで私だけがいつもゴミの掃除をしなきゃならないの！　自分たちのゴミ置き場が散らかっているのを見たら掃除してくれたっていいじゃない！」と思ってしまった。

ご近所さんと挨拶をする時に、「最近、カラスがネットの上からゴミを散らかしちゃいますね」と話を振ってみた。するとご近所さんは、「うちはちゃんとゴミを出す時にネットをかけてますから」とツンケンしながら言われて「が～ん！」とショックを受けちゃう。

「だから、ネットの上からカラスがオタクのゴミを突いて散らかしちゃうから、気がついたら掃除しておいてね！」と言いたかったのに、それを言ったらさらに相手がものすごい反応をしそう。だから私は、「あ、そうですか」とだけ言って、散らかったゴミを掃除するために箒とちりとりを持ってゴミ置き場にトボトボと落ち込みながら歩いていく。

私の伝え方が悪かったのかな？

私が伝えたかったのは「みんなで協力してゴミ置き場をきれいにしましょう！」ということ。「どうして伝わらないのかな」と気分が落ち込んでしまって、一日中そのことが頭から抜けずに、心が灰色の空のようになる。

仕事中、上司に「後輩たちは夜遅くまで勉強会を開いて頑張って仕事をしています」と報告をしたら、「あいつらは仕事が全然できていない」、「あれだったら子どもの方がマシだ！」と言われて、「が～ん！」とショックを受けてしまう。

後輩たちが頑張っているのだから、後輩たちを少しは労ってもらいたいと思って伝えたのに、全然伝わらない。これで、ものすごく落ち込んでしまう。全治二週間ぐらい落ち込んでいて、「落ち込んだまま私は這い上がれないかも」というぐらい打ちひしがれてしまう。

こんなことを誰かに相談しても「あなたの伝え方が悪い！」、「上司も悪いけどあんたも悪い」と、喧嘩両成敗のようなことを言われてしまって、さらに落ち込んでしまう。

私は伝わらなくてショックを受けたことをわかってもらいたくて話しただけなのに、「どうして言いたいことが伝わらないかね！」と、さらに落ち込んでしまう。

こんな風に書いていると、「なんであなたはみんなを落ち込ませるようなことを書くの」、「あなたの書くことは暗いことばかりでちっとも面白くない」と言われて、ショックを受けて落ち込んでしまう。

私が落ち込んでいると「言いたいことが伝わらずに落ち込んでも大丈夫」という言葉が浮かんでくる。

すると「光があれば影が必ずできる！」と面白い仕組みが見えてきた。

「ゴミ置き場を掃除してきれいにしたい！」ってみんな同じ気持ちでいると思っていたけど、「きれいにしたい」っていうのが光だったら、必ずそれに照らされた人は影になって「あんたが勝手にやればいいでしょ」という邪な考えが湧いてくるのか！

「正しい or 間違っている」じゃなくて、「光があれば影が必ずできる」という仕組み。

「後輩たちがものすごく頑張っている！」という場合、その頑張っている姿を思い出すだけで涙が出てくるぐらいの気持ちが「光」であって、それが感動的だったり、美しかったりすればするほど「影」が生み出される。「あいつらなんて大したことがない！」という考えを生み出している。

「言いたいことが伝わらずに落ち込んでも大丈夫」

その落ち込み、本当は自分が影を生み出してしまったことへの罪悪感。相手と同じように影になることで相手に光を当てようとしているのかもしれない。私が落ち込みの影に入るのは、相手の光に照らされているからなのかもしれない。

相手が私を照らすのは「正論」の光。

「気がついた人がゴミ置き場を勝手に掃除すればいいでしょ！」という言葉は、「確かにそうだよね！」という正論の光になる。

「あんたの後輩たちよりも子どもの方がマシ」というのもある意味で「ごもっとも！」という正論の光。

幼子の方が素直で純粋ですからね。後輩たちは少なくともクビにならないため、給料を上げるために頑張っていた。

なんだ！　私の伝わらない落ち込みは、ただ光に当てられて影になっていただけじゃない！

私の光と相手の正論の光とでは光の色が違う、と私は思っている。

でも、光は光であって、それに照らされた時に必ず影ができるから、相手の光に照らされて私は言いたいことが伝わらずに影になって落ち込んでいた。

みんなそれぞれの光を持っていて、私の光に照らされて影になった時に、相手も影は暗いから光で照り返してくる。

そして、私は相手の光に照らされて影になったから、「落ち込んだ」と思っているだけ。

「言いたいことが伝わらずに落ち込んでも大丈夫」

私が照らす光で相手が影になってしまったから、言いたいことが伝わらないだけ。

そして、私が落ち込むのは相手の持っている光で照らされて、今度は私が影になっただけだから。

「言いたいことが伝わらずに落ち込んでも大丈夫」

伝わらないってことは、私は私の光の中を歩んでいる証拠だから。

「言いたいことが伝わらずに落ち込んでも大丈夫」

もう、あなたは十分に自分の影と向き合って苦しんできたのだから。

誰にも伝わらなくても、その光があなたの行先を照らしてくれるのだから。

肝心な時に問題が起きて落ち込んでも大丈夫

肝心な時に問題が起きて、落ち込むことがしょっちゅうある。

ジョギングをしていて「だんだん速く走れるようになってきたぞ！」と、これまで挑戦したことがなかったマラソン大会にでも参加しようと思っていた矢先に足首を故障してしまって、「もう走れないかも」となって落ち込んでしまう。

これまで走り続け、積み重ねてきた努力が壊された感じになってしまい、「もう以前のように走ることはできないかも」となって気分が暗くなり、何にもやる気がなくなってしまう。

仕事をしていて「後輩も育ってきたし、そろそろ楽に仕事ができるかも！」と思っていた矢先に上司から呼び出されて、「大嶋くん、あなたは他の仕事をやってもらえる」と左遷されてしまう。楽に仕事をするために後輩を一生懸命に育て、これからという時にどうしてそうなるの！？　となって落ち込んでしまう。

そう、いつも「これから！」という肝心な時に問題が起きて、落ち込んで何もかもやる気がなくなる。

この前は、原稿を書いていて、途中で文字数を確認するために書いた文章をコピーしようとしたら「あれ？　全部消えちゃった！」となって落ち込んでしまう。6時間かけて作った原稿の文字数を確認して送るだけになっていたのに。そこでショックを受け、落ち込んで頭が真っ白になってしまう。早く終わらせて外に出かけて、買い物に行って美味しいものを食べようと思っていた矢先、そんな問題が起きて、その後もずっと部屋に閉じこもって気分が落ち込みながらパソコンと向き合うことになってしまう。

ものすごく頑張って仕事をして、やっと休みになって「ここからのんびりできる！」と出かけた先で「お腹が痛い」と倒れてしまって、休み中はずっと腹痛と闘うことになってしまい気分はどん底に落ちてしまう。

学生時代は合宿とか修学旅行などに行けば必ず宿泊先で熱を出してしまって、「みんなで一緒に泊まった記憶がない」ということになっていた。

珍しく「さあ、これから勉強をしよう」という気分になってこれから机に向かおうという時に、突然、母親がガラッとドアを開けて「あんたはまた勉強もしないでゴロゴロして！」と怒鳴りつけられ、「せっかく勉強をやる気になっていたのに」と気分が落ち込んで、机の前に座ってもダラダラと漫画を読んでしまっていた。

母親が入ってくるあのタイミングってすごい。

「これから！」というタイミングで必ず「何をやっているの、あんた！」と怒鳴り込んでくる。そして、気分が落ち込んで何もやる気がしなくなって「もう、どうでもいいや！」と投げやりになっていた。

人生で初めて「成績が上がってきたかも！」というタイミングで交通事故を起こしてしまって、気分が落ち込んでやる気がなくなってしまう。

それでも歯を食いしばりながら頑張って卒業式まで漕ぎ着けたが「あれ？　私の卒業証書が筒の中

に入っていない」と、びっくりする。卒業証書がなければ、せっかくの卒業式で喜べないでしょ！　と思って、学校の事務に問い合わせると「交通事故を起こした後に車が運転できなくなって寮に宿泊した費用が未入金です」と言われ、「もっと早く言ってよ～！」と気分が落ち込んでしまう。

私の人生では必ず肝心な時に問題が起きて、落ち込んで何もかもやる気をなくしてしまうことが繰り返されてきた。

「肝心な時に問題が起きて落ち込んでも大丈夫」という言葉が優しい声で響いてくる。

いやいや、これは絶対に無理でしょ！　だって、肝心な時に問題が必ず起きて、その度に気持ちがどん底まで突き落とされるのですから。

「肝心な時に問題が起きて落ち込んでも大丈夫」という言葉が頭の中で繰り返されて、その時にイエスが身をかがめて指で地面に何かを書いている場面が浮かんできた。

もし、あの時イエスが地面に指で書いたものが残っていれば、それを買うためにものすごい金額を出す人がいるだろうな、とフッと考える。

でも、イエスが立ち上がった、次の瞬間に、イエスが指で書いた貴重なものが心のない人の足で踏み躙られて消されてしまう。

そんな場面が頭の中に浮かんできた時に、「何も残っていないから価値があるものだ」というわけのわからない気づきが私の中に湧いてくる。

そう、もしイエスが書いたものが残っていたら、私の中で「イエスってすごい！」とはならなかったのかもしれない。

イエスが書いたものが何も残っていなくて、イエスのエピソードだけが残されているから、人はそのエピソードからイエスのキャラクターを膨らませて「イエスってすげ～！」と自由に思い描く。

私も「肝心な時に問題が起きる」で何も「自分で成し遂げた」というものが残っていない。

成し遂げたものが何も残っていれば、それに基づいて「あー、私ってこんなもんなのね」で自分自身にある意味でガッカリしちゃうかもしれない。

職場の上司が「私はこんなことも成し遂げて、あんな実績も出した！」と話をしている時に、その成し遂げた話がその人の墓跡にしか見えなくなってくる。それを何度も聞かされている人たちは、毎回お墓参りをするのを強制されているような感覚で、複雑な表情になる。

肝心な時に問題が起きて「何も残っていない」から、私には残念ながら「何かを成し遂げた」という墓跡がない。

墓跡ができそうになっても、問題が起きてそれを粉々に打ち崩してしまうから。

墓跡がない私はただひたすらこの世をさまよい歩く亡者になっているのか？　というと、私の中では違っている。そう、墓跡がないから死んでいないよね。

立派な墓跡があれば、その中に収まらなきゃならなくなるけど、それがないから生き続ける。こぢんまりとした墓跡を建てようとすると、必ず問題が起きてそれを打ち砕いて粉々にし、生き続けさせてくれる。

「肝心な時に問題が起きて落ち込んでも大丈夫」

誰かが私に「今、あなたは生きている」と囁いている。

「肝心な時に問題が起きて落ち込んでも大丈夫」

あなたはたくさんの問題に打ち砕かれて、そして生き残ってきたのですから。

才能がなくて落ち込んでも大丈夫

サンフランシスコで開かれたセミナーに参加した時、講師の先生に「私はカウンセラーの才能がありますか？」と尋ねた。するとその有名な先生は私に目も合わせずに、「う〜ん、才能がないと言われた人が後に立派なカウンセラーになったケースもあるからなんとも言えないわね」と言われてしまった。「私にはカウンセラーの才能がない」という時点でショックを受け、落ち込んでしまった。

もっとショックだったのは「セミナーの参加者はみなさん専門家の方」と思っていたら、みなさん患者さんだったということにびっくり。私は専門家と患者さんの違いがわからないからやっぱりカウンセラーの才能がない。それで落ち込んでしまって、しばらくそこから這い上がることができなかった。

私が落ち込む時は「人生は終わってしまい夢も希望もない」という感覚になり、目の前が灰色に霞んで見えてしまう。そこまで落ち込むということは、「どれだけ自分に才能があると思っていたの？」と笑えてくる。講師の先生は、本をたくさん読んで勉強して、研究論文をたくさん書いたりして、ものすごい努力をしているのに、「あなたは何をしてきたの？」と聞かれると、「何にもしてきませんでした」と答えるしかない。

私は才能があると思っていたから本だって全く読まなかったし、勉強だって最低限しかしてこなかった。講師の先生のような血の滲むような努力を全くしていないのは、「私には才能がある」と思っていたから。

そして「才能がない」という現実に直面して落ち込んでしまう。

そういえばピアノを習っていた時も、先生の前で弾けなくて「あなたには才能がない」と言われショックを受けた。その時に「もうダメだ」と真っ暗な気分になるのは「ピアノを弾く才能がある」と思っていたから。ピアノを弾く才能があると思っていたから、先生に言われた通りに練習をしたことがない。全く練習しないで先生の前に座って、デタラメで弾こうとする。

先生も「あなたには才能がない」って言いたくなると思う。全く練習も努力もしていないんですから。でもそれを言われて落ち込んでしまうのは、「私は音楽の才能に長けている」と思っているから。


「才能がなくて落ち込んでいても大丈夫」

「才能がある」って思っていなければ落ち込むことはないのだから。

努力もしないのに「才能がある」って思えるのは、幼子のような純粋な心を持っている証拠だから。

幼子は「パイロットにもなれるし、お医者さんにもなれるし、芸能人にだって簡単になれる！」と思っている。


でも、成長していくと「数学の才能がないからパイロットになれない」、「物理化学の才能がないからお医者さんにはなれない」など、だんだん才能がないことで落ち込むことが増えてくる。

私は「大人になって現実が見えてきたから、才能がないことがわかって落ち込むことが増えた」と思っていたけど、「数学の才能がない」とハンディキャップを背負ったような気分になって落ち込んだ時も、数学を勉強する努力を全くしないで「才能がない」となっていた。まさに「才能があるから勉強しない」という面白いことをしていた。

才能は神様が与えてくれるもので、全く努力しないで発揮できるもの。

だから、私は天から与えられたものを信じて努力しないで才能を発揮しようとする。

「才能がない」と落ち込むのは「神様は私に才能を与えてくれなかった」と、本来はあるはずのものがない、とショックを受けたから。

こんな風に振り返ってみると、私の心は幼子のまま。

純粋に才能は神様が与えてくれるものであって、自分で努力して勝ち取るものではない、と信じている。

「才能がなくて落ち込んでいても大丈夫」

そこには幼子のような純粋な心が隠れているから。

幼い子どもが、望んでいるプレゼントをサンタさんが枕元に持ってきてくれる、と信じているように、才能も努力をしなくても神様が与えてくれるものだと信じる美しい心を持っているのだから。

才能を与えてくれる神を信じないのだったら、「神なんていないのだから自分で努力しなければ」と、さまざまな手段を使って鍛錬し、己の力で才能を磨いて発揮する。

振り返ってみると私は努力を全くしないで、「才能がないからください」と神頼み。

どれだけ純粋な心を持っていて神を信じているんだ、と笑えてくる。

「才能がなくて落ち込んでいても大丈夫」

落ち込むことで私は神様の同情を引こうとしている幼子になる。

いくら落ち込んでも、神様は同情をして才能をタダで与えてくれることはなかった。けれど、純粋な心の持ち主である私は何もしないでただひたすら才能を与えてくれる神様を信じ、待ち続けて才能を磨く努力をしない。

「才能がなくて落ち込んでいても大丈夫」

あなたは、その信じる純粋な心で、もう十分にたくさんの奇跡を見てきているのだから。

なんの才能がないまま、これまであなたが生き続けてこられたこと自体が奇跡なのだから。

衰えを感じて落ち込んでも大丈夫

昔読んでいた漫画の主人公の顔にほうれい線があって、「かっこいいな～」と思っていた。けれど、ある時に鏡を見たら私の顔にそれがあって、「顔が衰えている」のでショックを受けて落ち込んでしまった。

昔は「肌が綺麗ですね」と言われたりするとものすごく恥ずかしかったけれど、もう誰からもそれを言われなくなると、「衰えてしまった」と悲しくなって落ち込む。

映画やテレビ番組を観ていると、「こんなに面白いのに途中で寝てしまう人の気持ちがわからない」と、ちょっと前までは思っていた。でも、最近はどんなに面白い映画を観ていてもいつの間にか気を失ってしまっていて、映画の内容を一切覚えていない。そんな自分の衰えを感じて落ち込んでしまう。

つい最近まで、お昼に「おじちゃん！　定食二人前！」と注文をしてペロリと食べても足りないぐらいだったのに、大盛りの弁当が食べられなくなった。それで自分の衰えを感じて落ち込んでしまう。昼食の時間があんなに幸せに感じていたのに、いつの間にか「ヨーグルトだけでいいや」と、衰えて食べられなくなってしまっている自分が悲しくなる。

周りの人たちから「歩くスピードが速いですね」と言われていたのに、この前、道を歩いていたら子どもにまで抜かされて衰えを感じて気分が落ち込み、ますます足取りが重くなってしまう。

以前は歩行者信号が点滅していたら「走って渡るぞ！」となっていたのに、点滅していたら「あ〜、赤信号で休める」と立ち止まってしまう自分に衰えを感じて落ち込む。

「衰えを感じて落ち込んでも大丈夫」という言葉が私の頭の中に響いてくる。

でも、私は「衰えは大丈夫じゃないでしょ！」と思って反論したくなってしまう。

すると再び「衰えを感じて落ち込んでも大丈夫」という優しい言葉が繰り返される。

さすがにこれはないでしょ！　と思っていると「後のものが先になり、先のものが後になる」という思いが浮かんできて、「あー、これまでがむしゃらに突っ走って生きてきたな～」という不思議な感覚になる。

私には何もなかったから、「何かを成し遂げなければ」と思って必死になってもがきながら生きてきた。

何かを成し遂げなければ、と思って頑張ると風当たりがすごく強くなって、毎日が嫌なことばかりで苦しみが増していくだけと気づく。「この苦しみからなんとか抜け出したい」と思いながらさらに抵抗すると、もっと風当たりが強くなって、足を挫かれ何度も挫折しながら立ち上がることさえできなくなっていた。

そんな不器用な生き方しかできない私を誰かが「あの人、馬鹿だな～」と脇から見ていた。

「そんなにがむしゃらに生きるから、みんなから嫌われるんだよ！」と、風当たりの強い私を風避けにして楽そうに生きている人がいた。

私が苦しみに耐えることができずに挫けてしまった時に、私の後ろからヒョイと突然現れて、私を追い抜いていく。

私は追い抜かれたことが悔しくて、歯を食い縛りながら立ち上がり、必死になって相手を追いかけ、追い越そうとする。すると相手は再び私を風除けとして使い、再び風当たりが強くなった私は苦しみ悶えながら生きることになる。

「馬鹿だな～！　あんながむしゃらにやるから疲れるんだよ！」という声が後ろから聞こえてくる。

でも、私は誰にも助けてもらえないから、一人でがむしゃらに生きるしかない、と思っていた。

「衰えを感じて落ち込んでも大丈夫」

衰えを感じて落ち込んだ私は、歯を食いしばりながら追い抜いていくみんなを追いかける気力も体力もなくなっていた。

「衰えを感じて落ち込んでも大丈夫」

先ゆくみんなの背中を眺めながら「すごいな～、みんなは」と落ち込んでいると、いつの間にか先ゆくみんなを風除けにして楽そうに生きている。

衰えを感じて落ち込んだ私は、後から来た人たちと争うこともできず、「どうぞ」とみんなに道を譲ることができる。

そして、先行く人たちが私の風除けになってくれるありがたみを感じることができる。

衰えを感じて先走ることができなくなったが、先行く人たちからたくさんのことを学べるようになっているから。

衰えを感じて落ち込んだ私は、先行く人たちの成功や数々の失敗を後ろから眺めることができて、そこからたくさんのことを学べるようになっている。

自分ががむしゃらに苦しみ悶えながら一人で生きていた時は、自分の失敗からも何一つ学ぶことができなかった。けれど、衰えを感じて落ち込んで、抜かされて後からきた人たちの背中を眺めていると、知らないうちに不器用な生き方を卒業できるようになっていた。

「衰えを感じて落ち込んでも大丈夫」

道なき道を苦しみながら手探りでがむしゃらに走るよりも、前を走る人たちの作り出す道を歩いていく方がずっと楽だから。

「衰えを感じて落ち込んでも大丈夫」

あなたはもう十分に多くの人のために犠牲になって生きてきたのだから。

先行く人たちの流れに身を任せて、これからはゆっくり歩めばいいのだから。

役立たずで落ち込んでも大丈夫

近所の車椅子の方が病院に行くため、小さな奥さんが一生懸命に長身のご主人を介助して車に乗せようとしていた。

それを見た私は、「何かお手伝いできますか」と二人に近づいていく。

「じゃあ、お願いします」と言われ、ご主人の体を支えようとしたけど、どう支えていいのかわからない。

そんな私を見ていた奥さんが、「そうじゃなくてこう」とご主人と私の間に入って、軽くご主人を持ち上げて車のシートに座らせた。

それを後ろから見ていて「私は何の役にも立たなかった」と落ち込んでしまう。

車で走り去る二人が私に会釈をしてくださったが、笑っていなかったので、役立たずと思われていると思うと、ますます気分が落ち込んでしまう。

仕事においても、書類を作成すれば「誤字脱字だらけで役立たず」と言われ、書類仕事を任せてもらえなくなってしまってものすごく落ち込んでしまう。私は「何度かやっているうちに書類作成が上手くなるかもしれない」と挑戦するけれどやっぱり間違える。みんなに迷惑をかけてしまう役立たずに思え、立ち直れなくなる。

だったらコンピュータが得意と言っていたのだから、その仕事はできるでしょうと任された。「もっとみんなが使いやすくしてあげよう」とシステムをいじってしまったら致命的なエラーが出てしまい、専門家を呼ばなければならなくなってしまった。私はどこに行っても余計なことをして周りに迷惑をかける役立たずに思え、落ち込んでしまう。

役立たずだから、何とかみんなの役に立つことをしなければとオフィスの掃除を始めるが、埃が舞ってハウスダストアレルギーの先輩のくしゃみが止まらなくなり、「この役立たず」と睨みつけられる。

先輩たちが忙しくてお客さんの対応ができなくなっている時、「大嶋しかいない」となって「やっと出番が来た！」と喜び勇んでお客さんの対応をする。そして対応している時から「あれ？　なんかお客さんの様子がおかしいぞ！」と思っていたらやっぱり「担当を代えてください」と言われて、やっぱり私は役に立たない。それで、ものすごく気分が落ち込んでしまう。

そういえば学生時代もバレーボールのチームに入れてもらって、肝心な場面で役に立たず、「あーあ」とチームメイトから呆れられ、そのうちに私にボールが回って来なくなったな～。

「役立たずで落ち込んでも大丈夫」

そんな言葉が頭に浮かんでくる。

そもそも私が何かの役に立ったことなんてあったのかな？　と振り返ってみると悲しくなってしまう。


「役立たずで落ち込んでも大丈夫」

役立たずでどこにいても邪魔者扱いをされて傷ついてきた。


「役立たずで落ち込んでも大丈夫」

そもそも何で私は人の役に立てると思っているの？

私は子どもの頃から役立たずで「途上国の畑の肥やしにしか使えない」と思っていたじゃない。

でも、途上国で息絶えて土に埋められても、何の肥やしにもならず役立たずになってしまう自信がある。

あれ？　私って人の役に立つことばかり考えていて、自分の人生を生きることを最初から諦めていたじゃないですか。そもそも自分の人生を生きるってなに？　と人のために生きることしか考えてこなかったから全くわからない。

「役立たずで落ち込んでも大丈夫」

そもそも自分の人生に価値を見出して生きていない私が、「人の役に立つ」なんて、ひどく矛盾している。

それって、私が持っているゴミを他の人に手渡して、「あなたの役に立ててね」と言っているのと同じこと。

確かに私は自分のことをずっと「ゴミ」と思っていて、「価値がない存在」として扱ってきた。こんなゴミでも他の人だったら役立ててくれるかもしれない、と昔からサステナブルの最先端を走っていた。

「人の役に立たなければ」と思えばどんどん「自分の人生を生きる」ということができなくなるから、どんどん私の人生の価値が下がって「ゴミ」になってしまう。そして自分がゴミだと思っている人生を他人に役立てようとしても「ゴミだから役に立たない」せいで、ますます「誰にも役立ててもらえないゴミ人生」を歩むことになってしまう。

「役立たずで落ち込んでも大丈夫」

あなたは自分の価値をなくしてまで人の役に立とうと、これまで全力で努力してきたのだから。

何だかちょっと胸が苦しくなってくる。

これまで役に立てなかった数々の失敗が走馬灯のように思い出されるけど、それが渦を巻きながら次第に私から遠く離れて天に吸い込まれていく。

「役立たずで落ち込んでも大丈夫」

あなたに、幼子のように自分の人生を生きる時がめぐってきているのだから。

これから自分の人生の価値を見出せと言われたら、ものすごくハードルが高くて自分には無理だと思ってしまうけれど、「幼子のように」と思った時にそのハードルが砂場の砂山のように感じられる。

幼子の時から「人の役に立たなければ」と自分の人生を生きてこなかった。

今一度、幼子の気持ちに戻って「私は自分の人生を生きるんだ！」と、小さな手を天に突き上げてみたくなっていた。

恥をかいて落ち込んでも大丈夫

八百屋さんにいったら「スイカが美味しいよ！」と試食を勧められて「甘くて美味しい！」から、

二つ買うことにした。

そして、スイカを持って八百屋のおじさんがいるレジに行こうとしたら、「あれれ～」とスイカが手から落ちて地面でグシャッと割れてしまった。うわ～やってしまった！　おじさんの前で恥をかいて私は落ち込む。

八百屋のおじさんが「いいよいいよ！」と新しいスイカを出してくれる。「ありがとう！」と去った後に、「あれ？　財布がない！」八百屋で落としたのかな？　と思ってさっきの八百屋まで戻って「財布落ちてなかった？」と恥の上塗りで「穴があったら入りたい！」という気分になって落ち込む。

おじさんが一緒に探してくれたが、「あれ？　もしかしたら」と思いカバンをよく探してみたら、カバンの奥底にあった。

この時に私はあまりの恥ずかしさに自分の顔を引っ叩きたくなる。

「おじさん！　あった！　ゴメン！」と逃げるようにその場から去っていった。

こんなことがしょっちゅうあったら身がもたない、と思うかもしれないけれど、私の人生はこんなことの連続。

恥ずかしいことが事あるごとに思い出されて、あまりの恥ずかしさで頭をガンガン叩きたくなるぐらい落ち込んでしまう。

「恥をかいて落ち込んでも大丈夫」

あれ？　私は人前で恥をかくことで何を恐れているの？

それは「相手から馬鹿にされること？」それとも「相手から見下されること？」

そんな風に考えてみると面白くなってきた。

なぜなら、私は気がつかないうちに「相手の人よりも上」と思っているかもしれないから。

だって「相手の人よりも下」と思っていたら馬鹿にされ、見下されることなんて怖くないはずだから。

「私は自信がない」とか「人のことが怖い」などと言いながら、ちゃっかり「周りの人よりも優れている」という演技をするからドジなことをしちゃって、化けの皮が剥がれて本来の姿を人前でさらけ出してしまった時に恥ずかしくなってしまう。

　ありのままの自分が恥ずかしい、と思っている。

「立派な人」や「まともな人間」など、ありのままの自分とは違った姿を演じているから、言動がギクシャクしちゃって「恥をかく」ということをやらかしてしまう。

　あんたみたいなダメ人間がまともな人を演じるからおかしなことをやらかして恥をかくのよ！　と罵倒されてきたけど、よくよく考えてみたら「みんな外に出る時は服を着ているよね」と面白いことに気がつく。

みんなありのままの自分が恥ずかしい、という常識があるからちゃんと洋服を着て外に出かける（この常識はあくまでも国別のものです）。

ちょっと昔だったら、暑い夏でも日本の会社員はスーツを着て、満員電車に乗って会社まで通勤をしていた。

そういえば、私は高校生まで「裸を見られるのが恥ずかしい」と銭湯や温泉にも入れなかった。

だから、人は服を着る。それと同じようにありのままの自分が恥ずかしい、というのは当たり前のことで、服を着て立派な会社員を演じるように、格好をつけて立派な人を演じていても何の罪もない、ということがよくわかる。

もし、演じることが罪だったら「服を着るのも罪」になりますからね。

「恥をかいて落ち込んでも大丈夫」。

ありのままの自分で勝負しなきゃいけないと思っているから、外で最低限の演技しかしないからポロリをしてしまって「恥をかいた」となってしまうのよね。洋服で自分の身体を隠しているのは卑怯だから最低限の布で隠しているだけ、という感じで無防備な状態で人前に出るから、ちょっとしたことでポロリになってしまって裸を見られちゃう、という感じですね。

「格好つけるな！」と言われてきたから、「何かを演じちゃいけない」と無防備でいればいるほど「恥をかく」という確率はものすごく高くなる。

「恥をかいて落ち込んでも大丈夫」

あなたはこれまで正々堂々と素の自分で十分に大変な世の中に挑んできたのだから。

これからは、あなたが好きな服や鎧をまとうように、自分がなってみたい人格をいくらだって外に出る時には演じていいのだから。

家にいる時だって、部屋着を着ているわけだから、どこにいたって自分が心地いい人格をまとっていていい。

服は恥ずかしい体を隠すだけではなくて、温かさを与えてくれるし、無防備な体が不用意に傷つくのを守ってくれる。

それと同じように、誰かを演じることで温かさを感じることができるし、演じている人格が人から傷つけられることからちゃんと守ってくれる。恥ずかしい部分を隠して演じている人格は、ちゃんと害虫からも守ってくれる。

「恥をかいて落ち込んでも大丈夫」

あなたはこれまで正々堂々と素の自分で十分に大変な世の中に挑んできたのだから。

いくらでも好きな人格を着飾って楽しく生きていいのだから。

そして、本当にあなたが望むのならば、いつでもありのままの自分に戻っていいのだから。

故障で落ち込んでも大丈夫

ずっと調子良くジョギングをしていてタイムも速くなっていたのに、曲がり角を曲がる時に足首を痛めてしまって「あーあ！　やっちゃった！」と落ち込んでしまう。

「ちゃんと走る前に足首のストレッチをしなかったからだ！」、「靴を買い替えるのをケチったから足に負担がかかって故障した」、「〝調子がいい〟なんて調子に乗っていたから天罰が下った」などと自分を責めてますます落ち込んでしまう。

病院に行ったら思っていたよりも重症で、リハビリにかかるお金と時間がものすごくて「もうだめだ～」と落ち込んでしまう。

リハビリなんて呑気なことを言っていられない、と無理をして走ってしまったら、ますます足の故障が悪化して「もう、元のスピードで走れないかもしれない」という不安で気分がどん底まで落ち込む。

故障といえば「歯にちょっと違和感がある」と思って歯医者に行ったら「この歯は根本が折れていますね」と、レントゲン写真を確認しながら歯医者さんが冷静に伝えてくださる。

私はその瞬間にとショックを受けてしまう。

ものすごく大事にしてきた歯がだめになって、抜かなければいけなくなってしまった。

ストレスで歯を食いしばっちゃうから、こんなことになった！　と誰かを責めたいけど、誰も責めることができずに「自分が歯を食いしばるのが悪い」となって落ち込む。

鳥の骨などを「カルシウムが必要」とバリバリかじっていたからこんなことになってしまった、と過去に自分がしでかしたことを後悔しながら落ち込んでしまう。「無理をするから故障するんだ！」と自分を責めても故障は治らない。けれど、責めるのが止まらずどんどん気持ちは後ろ向きになってしまう。

そんな風に自分を責めて落ち込んでいると、今度は頭が故障して「まともにものを考えられない」せいで判断ミスをしてしまう。頭が故障して、やることなすこと全てが裏目に出てしまい、ますます気分が落ち込んで抜け出せなくなってしまう。

「故障で落ち込んでも大丈夫」

もしかして、故障するたびに私は生き方のギアのシフトチェンジをしているかもしれない、と面白いことに気がつく。

自転車の後輪に小さいギアから大きいギアが順番に並んでいて、下り坂や平坦な道でスピードが出てきたら小さいギアで、逆に上り坂道や走りだしてスピードがまだ出ていない時は大きなギアにシフトチェンジする。

私はずっと「楽しちゃいけない」と思って生きてきたから、坂道を登るときでもギアを変えることなく、一番足に負担がかかるギアのままずっと走っていた。みんなは上り坂では自動的に「楽な方へ」と選択できるから、スイスイ登っていく。そして「下り坂は小さいギアに入れっぱなしの私の方が速い」と思っているけど、みんなギアを楽な方へ速い方へと選択できるから、みんなの背中はどんどん小さくなって私はおいて行かれてしまう。

「故障で落ち込んでも大丈夫」

故障で無理がきかなくなってしまった私は楽で速いギアを半強制的に選択させられることになる。自分が楽な生き方をしたら怠け者になってしまって働く気も失せて経済的に破綻してしまうのでは？ということがものすごく怖かった。でも、故障をして軽くて楽なギアを選択しても、私は一生懸命に人生のペダルを漕ぎ続けていた。

歯の根っこを食いしばって折ってしまった時は、気がつかないうちに「働き方のペースを半分に落とす」という、これまでにやったことがないギアにシフトしていた。半分に減らしてしまったら怠けてしまって、自堕落な生活を送って仕事の質がどんどん落ちてしまうのでは？　と危惧していた。でも、ギアをシフトしても私は漕ぐことをやめずに漕ぎ続けるので、ペースは変わらない。

足を故障した時は、走るペースが遅くなったから走るのを諦めようかなと思っていたけど、私は美味しいものを食べる目的のために淡々と走り続けていた。

頭が故障した時は「このまま自分はダメになってしまうかも」と思っていたけれど、仲間に助けてもらうギアを手に入れて、自分一人で考えて行動するのではなくて、仲間に相談をしながら、助けてもらって目的を達成することができるようになっていた。あんなに人に任せること、頼ることができなかった私が、シフトチェンジをして仲間に助けを求めて、一人で抱えていた時以上の仕事をこなすことができている。

故障をするたびに、私は誰かからシフトチェンジすることを学ばされているような感じで、いつの間にか「一番重いギアだけ」という不器用な人生から卒業することができた。柔軟にその場の状況に合わせてシフトチェンジをすることができるようになっていた。ギアを楽な方へシフトしたら怠けるんじゃないかと思っていたけれど、全然違っていて、私は一定のペースでどんな状況でも淡々と漕ぎ続けることができる。

これまでの故障の数だけ私のギアの選択肢が増えていき、状況に合わせてギアをシフトして淡々とどんな場面でも漕ぎ続けることができる。


「故障で落ち込んでも大丈夫」

あなたの頭は怠けることなく、同じペースで淡々と目的に向かって漕ぎ続けているのですから。

あなたがどんな状況で楽を選択しても、漕ぐペースは同じで目的地も変わらないのですから。

願いが叶わなくて落ち込んでも大丈夫

テレビを観ていると、芸能人が定期的に海外旅行に行っているという場面の写真が出てきたせいで、落ち込んでしまう。

なぜなら、私は「将来、定期的に海外旅行に行けるぐらい稼げたらいいな～」と願っていたのに叶っていなかったから。

海外に行ってリフレッシュして仕事に取り組みたいという夢を持っていたのですが、現実は借金ばかりで全然そんな余裕はなく、部屋の中に缶詰状態の毎日で落ち込む。

職場の先輩は「40歳になったら働かない」とおっしゃっていて、催眠のお師匠さんも50歳になったら南の島に移住しますと夢を語ってくださっていた。私もそんなみなさんの夢を聞いて「いいな〜！そんなふうになれたら」と願っていたけど、ブラック企業で休日も返上で馬車馬のように働かされている現実を見て、「私の願いはちっとも叶わない！」せいで落ち込んでしまう。

働ける仕事があるだけ感謝しなさい！　とか、何を贅沢なことを言っているの！　などと言われるけれど、私がずっと願い続けていたものはちっとも手に入らない。この気持ちが誰にも伝わらない悲しさも入り混じって落ち込んでしまう。

子どもの頃からそうだった。

私の願いは何一つ叶わない。

「お友達がたくさんできたらいいな〜」と小学校の時に願っていたら、いじめっ子がたくさんいて友達どころではなくなり、学校に行くのが苦痛の毎日で落ち込んでしまう。

受験していい学校に入りたいと願うのですが、成績があまりにも悪くて「底辺の学校にしか入れない」せいで落ち込んでしまう。

学校に行って映画の世界のようにみんなと一緒にパーティーに行ってみたいな〜と願っていたのですが、「パーティー御法度」の学校に入ってしまって、勉強ばかりさせられて惨めな思いをする。

他の子たちはみんな願いが叶っているのに、なんで私は叶わない、と悔しくなって落ち込んでしまう。

願いが叶わなくて落ち込んでも大丈夫

私の願いは、みんなと楽しく平和に暮らすことなのに、常に誰かと戦っていてちっとも平和に暮らすことができない毎日で落ち込んでしまう。

生活パターンをちゃんと整えて早く寝て、気持ちよく朝起きて淡々と生活することが願いなのに、いつも嫌なことがあって、それが頭の中をぐるぐるするから、寝るのが遅くなって朝起きた時に最悪な気分になってしまうので落ち込んでしまう。

私が願ったことはちっとも叶わない。

「願いが叶わなくて落ち込んでも大丈夫」という優しい声が心の中に響いてくる。

すると、私の中で「あれ？　私って願いを叶えるための努力をしていない」ということに気がつく。

というのも、「願い」は自分で努力して叶ってしまったらありがたみがないでしょ！　だから、努力しないで叶うのが本当の願いなんじゃないかな？　と私は思っていた。

そう私は「果報は寝て待て」について、間違った解釈をしている。

本当は「やるべきことをやったら、慌てず成り行きに任せて待つ姿勢」が「果報は寝て待て」なのに、私の場合は「願って努力しないで寝て待つ」と思っていたわけだ。

そうじゃないと願いが叶ってもありがたみがないから。

「願いが叶わなくて落ち込んでも大丈夫」

すると、私の目の前のパソコンの画面がふっと目に入ってきて「私はこんなパソコンがあったらいいな！」と願って手に入れたよな、と知らず知らずのうちに願いが叶っていることに気がついてしまった。

面白いのは、「願い」は純粋に努力をしないで叶ったものを指す、と思っているから、私は「このパソコンは私が努力して購入したもの」となるので「願いが叶った」というありがたみを自ら打ち消してしまっている。

本当にあなたはこのパソコンを手に入れるために努力したの？と自問自答してみると、「あれ？　あまり努力はしていないかも！」と不思議な感覚に。購入する前にパソコンのことをいろいろ調べたことが「手に入れるために努力した」と思っているけれど、「それって願いを叶えるための努力だったの？」と聞かれると自信がなくなる。

私がこんなパソコンを手に入れることを願ったのは何十年も前のこと。

ブラウン管のコンピュータをケースに入れて肩に食い込ませながら歩いていた時に「薄くて軽いコンピュータがあったらいいな！」と願ったよね。

それがいつの間にか努力しなくても手に入っている。

「腕時計で電話ができたらいいな」と子どもの頃に願っていたことを覚えている。

そして、私の腕にはそんな時計が手に入っていて、願いが叶っているのに「私の努力で購入した」

と思っているから不思議。

願いが叶っているものがあるのに、願いが叶った時は「私が努力して勝ち取った」と願いが叶った喜びを私は打ち消してきちゃった。


「願いが叶わなくて落ち込んでも大丈夫」

「私の願いは一つも叶っていない！」と何も努力せずに文句を言っているのは、私の願いを叶えてくれている存在に甘えているから。

願いを叶えてくれているのに、それを私は「私が努力したからこうなっただけで願いが叶ったわけではない」と、願いを叶えてくれる存在に甘え続けるために決して認めない。


「願いが叶わなくて落ち込んでも大丈夫」

私は願いを叶えてくれる存在から愛を与えてくれることを求めている。

では私は、私の願いが全て叶ったら「愛される」と感じるの？

いや、違いますよね！　だって、願いが叶ったって「私の努力でこうなった」と叶っていることを必ず打ち消してしまうのだから。

私は、私がどんなに文句を言って願いを叶えてくれる存在に失礼な態度をとっても見捨てられずに常に共にいてくれる、ということで「愛」を確かめている。


「願いが叶わなくて落ち込んでも大丈夫」

常に無意識があなたに寄り添ってくれているから。

どんなあなたでも無意識はいつでもあなたを愛してくれているのだから。

第4章　無意識に任せれば大丈夫

無意識がちゃんと守ってくれるから大丈夫

朝、「急がないと仕事に遅刻する」と、赤信号になりそうな横断歩道を焦って走ったら、段差がないところでつまずいてしまい「転んじゃう！」と地面が目の前に迫ってくる。

次の瞬間、私は全く考えもしないで身体を丸めてでんぐり返しをアスファルトの上でして、そのまま一回転で立ち上がって走り出した。

「え？　今何が起こったの？」とそれを見ていた周りの人以上に私自身がびっくりしていた。

つまずいて転ぶ瞬間は「うわ～！　膝とか手の平とか怪我しちゃう」と思っていたのに、「とっさに受け身ってすごくない！」と思ったのだが「無意識さんが守ってくれたのね」と嬉しくなる。

みんなが見ている前ででんぐり返しをして、周りの人から「あの人、道路の真ん中で何をやっているのかしら」と冷たい目で見られた恥ずかしさはあったけれど、それ以上に「無意識が守ってくれる」と感動していた。

たぶん、私が意識をして「転んだ時はちゃんと受け身を取らなきゃ」と頭で考えてやっていたら、受け身がすごく下手くそなので大怪我をしていたと思う。

瞬間だったので意識できず、その「無意識」の時にちゃんと無意識さんが私を守ってくれる。

これを書くのはちょっと問題があるのですが、職場で「あの人のことがちょっと苦手だな」と思って、仕事に行くのにすごく気が重くなってしまう。

「あーあ、今日もあの人と顔を合わせなきゃならない」と朝から憂鬱な気分になってしまって「仕事に行きたくないな～」となって足取りが重くなる。

でも、ある時に「あれ？　私が苦手な人がいない！」と、ちょっとびっくりする。

いないと職場の空気が違って、仕事がものすごく楽！

そう思っていたら、上司から「○○さんは退職されました」と通達があって「え～！本当に？」と、

嬉しい気持ち半面、ちょっとかわいそうな気持ちになる。

「あれ？　もしかしてまた無意識さんが守ってくれたの？」と気づいたから。

「また」ということは、結構頻繁に「嫌だな～、あの方苦手だな～」と思っていたら、その苦手な方がその場からいなくなる確率がものすごく高いことは知っていた。

「いやいや、あなたが苦手な人に不快な態度をとっていたから相手に精神的ダメージを与えてしまって、いなくなったのでは？」と私を知らない人から疑われてしまう。

厳しい態度をとる人は大切に思っている人だけなので、他の人たちには笑顔で常に接していた。

だから、私の苦手な人は、どんどん私にマウントを取ってきて、「マウントを取ってくる人って嫌だ

な～！」と私は思っていたけど、それをちゃんとはっきりと言えないのが私。

「苦手な人になんとか対応しなきゃ」と意識的に頑張っていた時は、「どんどん相手の態度がひどくなる！」せいで、ますます会社に行くのが億劫になっていた。けれど、意識的に対応するのを完全に諦めたときに、無意識さんが勝手に助けてくれる。

おーい！　無意識さ～ん！　あの人がいなくなるのを私が望んだみたいじゃないですか～！

「あの人がいなくなってほしい」と意識した時は絶対にそうならないのに、意識しないでいると無意識さんが働いて守ってくれちゃう。

私はただ淡々と苦手な人からの圧力に耐えているだけで無意識さんが守ってくれる。

これっていつからだろう？　と振り返ってみると、子どもの頃からいつもそうだった。

「いじめられた～！」と泣いて帰ってきたら、引っ叩かれて「あんたが悪いからいじめられるのよ！」と親に罵倒されていた。「親は守ってくれないな～」と思っていた。

でも、自分でいじめっ子と向き合わないでいつも泣いて逃げてしまっていたのは、親に守って欲しかったからだと思い出す。

学校でいじめられて、泣いて帰ってきて、家の裏にあるガスボンベに寄り添って泣きながら寝てしまった時、「大丈夫」という優しい声が響いてきていた。あの時も無意識さんが私のことを守ってくれていたのかも。

でも、目が覚めた時に鬼のような形相をした母親が目の前に立っていて、無言で耳を引っ張られて家の中に入れられ、嗚咽で息ができなくなるほど引っ叩かれた。

その時は、絶望的な気持ちになって「全然大丈夫じゃないじゃん！」と、ガスボンベの横で聞いた温かい声に文句を言っていた。

私が頭で考えている最悪なことがいつも現実になってしまう。

私が意識をすると悪いことが全て現実になって私を苦しめる。

でも、私が最悪を意識していない時は、ちゃんと無意識さんが守ってくれていたかもしれない。

だって、私が考えられる最悪が現実になるのだったら、私はここまで生き残ってこられなかったのだから。

「無意識さんがちゃんと守ってくれるから大丈夫」

いつからか、そんなことを思うようになって、あの学校の試験を受けにいったことがあるよな、と振り返る。

無意識さんが守ってくれるから大丈夫、と思って試験会場に行ったら、「無意識さんがちゃんと私の得意分野の問題を出してくれたかも！」と、ちょっとテンションが上がりながら答案用紙に書き込んでいた。

そして、後日、不合格通知が来て「無意識さん守ってくれなかったじゃん！」と、気持ちがどん底まで落ちて無意識さんに八つ当たりをしたくなってしまう。

でも、こうして振り返ってみると「あの時、無意識さんはあの学校から私を守ってくれていたのね」ということがわかる。

私が私らしく生きられなくなる状況からちゃんと無意識さんは守ってくれていて、私が私らしく生きられる安全な場所に誘導してくれていた。

私は目先のことしか考えられないから、無意識さんの大きな守りの意図が全く理解できなかった。

でも、振り返ってみると私は無意識さんが守ってくれたエピソードを書くのが怖いぐらい、たくさん無意識さんに守られている。

なぜエピソードを書くのが怖いかというと、「運を使い果たしてしまった」、「無意識さんの守りを使い果たしてしまった」という気持ちになるから。だって、ものすごくたくさん守られていたのですから。

これまでそれに気がつかないようにしていたのは、「いい加減に甘えないで自分でちゃんとやって頂戴！」と無意識さんに拒否されるような怖さがあったから。

「無意識がちゃんと守ってくれるから大丈夫」

誰にも守られてこなかったあなたが、これまで生きてこられたのは、ちゃんと無意識さんが守ってくれたから。

本当は「私は誰の助けも借りずに自分の力で生き残ってきた」と豪語したいけど、知力も体力も、運動能力も足りなくて運にも恵まれていない私にはどうしてもそれが言えない。

生き残る能力がない私がこれまで生きてこられたのは無意識さんが助けてくれたから。

こんなドジで間抜けな私が生き残れてきたのだから、無意識さんの助けは無限である。

無意識が応援してくれるから大丈夫

暑い夏の昼間に買い物に出掛けて、「暑さで頭が朦朧とする」せいで、ついスーパーに入ったら冷たくて大きな果物を買っちゃう。

冷房の効いたスーパーにできるだけ長く滞在したくて、うろうろしているとどんどん買い物カゴに買うものが増えていく。

エコバッグに購入した商品を詰め込み、肩にバックを背負ったら「うわ！　重い！」と、びっくり。

これを肩に背負って炎天下の中、歩いて帰るのかとうんざり。歩いて３０分の道のりがものすごく遠く感じる。

スーパーの外に出たら、モワっという空気に襲われて息が詰まり、もう一度スーパーのあの冷房の中に戻りたい気持ちになってしまう。

でも、ゆっくりしていたら買ったものが暑さでダメになってしまうから、「頑張れ私！」と自分に声をかけながら歩き出す。

最初のうちは、スーパーの冷房で十分に体が冷えていたから「ちょっと暑くて心地がいい」と思っているのだが、だんだん歩いているうちに汗がダラダラ垂れてきて、「歩くのが地獄！」となり、泣きたくなる。肩には重い荷物のせいでバッグのヒモが食い込み、左肩では耐えられなくなってきたので反対の肩にバックを移動させる。

「負けるな私！」と重い荷物を背負いながら自分を応援してしまう。

ずっしりと肩に食い込む重い荷物を背負って、汗をダラダラかきながら買い物から帰っても誰も褒めてくれないのはわかっているけど、「頑張れ私！」と声をかけて応援している。

暑さで朦朧とした頭で「誰にも応援されなくても、これまでよく頑張ってきたな」と、おかしなことを考え始める。

本を読んでいる時も、「この本、全然意味がわからない」と思った時だって「頑張れ私！　あとちょっとで読み終わる！」と自分に声を掛けるのは、難しい本を読んでいたって誰も応援してくれないし、読み終わったって誰も認めてくれないのを知っているから。

面白い本でも、人から「あとちょっとで読み終わるから頑張りなよ！」と応援されると読む気が失せる。

人から応援されちゃうとプレッシャーを感じて、「読まなければいけない」という義務感で読んでいる。そうなると楽しみがなくなって、読み終えた時の達成感も薄れてしまう。

そんなことを考えていると、私って「誰からも味方になってもらえないし、応援されたこともない」と惨めで孤独な存在と思っていた。けれど、人から応援されることを嫌がっていたかもしれない。

人からの応援がプレッシャーに感じてしまうから。

応援されて相手から期待されても、その期待に応えられなかったらどうしよう、と余計なことを考えてしまう。だから、初めは自分のためにやっていることでも、応援されると「相手の期待に応えなければ」というプレッシャーを感じ、そのプレッシャーに押し潰されてしまい、「私には無理」と挫折してしまっていた。

正月に箱根駅伝のテレビ中継を観ていると、「沿道の皆さんが応援しています」というアナウンス通り、ランナーをみんなが応援している。確かに、誰もいない中を走るよりは、たくさんの人たちが「頑張って～！」と声をかけてくれていた方が、テンションが上がるかもしれない。

たぶん、応援している皆さんは「頑張って走っている人」に応援を送っているから、目の前を走っているランナーには何も期待していないかもしれない。でも、学校のＯＢとかが応援している時は「もっと早く走れ」と応援の中にプレッシャーが隠れているから、私だったらそれに応えられなかった時のことを想像して、プレッシャーに押し潰されてダメになってしまう。

サッカー選手たちが試合をやっている時に「頑張れ〜！」と応援しているけれど、「得点を取れ！」とか「得点を阻止しろ！」などのプレッシャーがその応援の裏に隠れている気がする。というのも、ゴールを外したら「あ〜あ！」という、がっかりした声が会場中に広がるから。

私は、その声を嫌というほど聞いてきてしまった。

相手の期待に応えているうちは応援してもらえるけど、応えられなくなったらがっかりされて、さっきまで応援していたみんなが去っていく。

みんなの期待に応えられず応援されなくなった私は走り続ける気力がなくなって、肩を落として歩き出す。

誰もいなくなった静けさの中、「無意識が応援してくれるから大丈夫」という優しい言葉が私の灰色の心に響いてくる。

無意識はありのままの私を応援してくれる。

だから、無意識の応援にはプレッシャーが全くない。

プレッシャーがなければ応援にならず、頑張ることができないのでは？　と私は疑問に思う。

「無意識が応援してくれるから大丈夫」

無意識の応援で私はありのままの自分がどんな自分なのかを知りたくて頑張りたくなる。

周りの人から見た私は、弱虫でヘタレの根性なしで頭が悪い何も成し遂げられないダメ人間と見えているかもしれない。

無意識が応援してくれるありのままの私って本当にそうなの？　と私は確かめたくなる。

だって、無意識の世界には限界がない。

だから、無意識さんが応援してくれる私も、もしかしたら限界がないのかもしれない、と私が定めていた限界を無意識さんの応援によって超えてみたくなる。

「無意識が応援してくれるから大丈夫」

この無意識さんの応援を聞きたくて、周りの人たちの期待をことごとく裏切ってきてしまったのかもしれない。

ありのままの自分が知りたくて。

応援してくれる無意識さんと一緒に人知れず限界を超えて、ありのままの自分に挑戦してみたくて。

「無意識が応援してくれるから大丈夫」

「誰も応援してくれない」と呟いた時に、無意識さんの応援が常にそこにあって、ありのままの私を応援してくれていた。

大切なことは無意識が決めてくれるから大丈夫

定食屋に行った時、メニューを見ながら「鰯フライにしようか、それともアジフライ？」と悩んでしまう。人が美味しそうに野菜炒め定食を食べていると「やっぱり野菜炒め定食でしょ」と、さっきの二つの選択肢から別の誘惑に駆られる。注文をとりに来たおじちゃんに「野菜炒め定食！」といつものメニューを頼んでしまう。

今日こそはちょっと贅沢をして鰯フライにしようと思ったのに、なぜいつも食べている野菜定食？と自分が情けなくなってしまう。優柔不断ですぐに人に影響されてしまう私が、肝心な時に大切なことを決められるの？　と疑問が湧く。

ドラックストアに行った時、洗濯洗剤を買うのに「いつものやつ、いつものやつ」と探しているのに、「有名な役者さんが宣伝していたものだ！」と手に取っていきなり買いたくなってしまう。スプレーみたいな入れ物になっていて、ワンプッシュでいいよねこれ、と私がこれを使って洗濯機に洗剤を入れているところを想像して「いいかも！」と思って買い物カゴに入れてしまう。

買ってから「やっぱり今まで使っていたボール状の洗剤の方が汚れ落ちがよかった」と自分が選んだことを後悔する。

いつも私はこんな感じで、決めたことなのに、後になって必ず「あっちにしておけばよかった」、「あの時決めなければよかったのに」と悔しい思いをする。

毎日生きていると、いろんな決断をしなければいけないことだらけ。

休日になって「部屋の片付けをするの？」それとも「だらだらするの？」という選択があり、「部屋が汚いから片付けなきゃ」と思いながらも「だらだら過ごす」を選んでしまう。「いつまで経っても部屋が片付かない」せいで1週間汚い部屋を見るたびに「休みの時に片付けておけばよかった」と自分がした選択を後悔する。部屋が片付いていないから仕事がちゃんとできない、と言い訳ができて仕事をサボってしまう。

「大切なことは無意識が決めてくれるから大丈夫」

私は大切な時にちゃんと決断ができない優柔不断な人間だと思っていたけど、後悔していない決断がたくさんあるかも、とちょっとびっくり。

前の仕事を辞めたことを後悔しているか？　と聞かれると「全然後悔していないかも」と珍しく自分の決断にケチをつけない自分がいた。

そもそも、アメリカに留学するって私はどう決断したのか自分でもよくわからない。

いろんなことを悩んでしまって、いつまでも決められない私がどうして親から離れて喋れもしない英語圏の大学に行くことなんて決断したのだろう。


「大切なことは無意識が決めてくれるから大丈夫」

前の仕事を辞めてしまった時も、自分で決めたようで決めていなくて、追い詰められて会社を辞める決断をするような形になっていた。

その前の会社も、その前の前の会社も、全部、追い詰められていた。普通の人だったら一大事の決断を、私は二つ返事で決めてしまっていた。

その決断に後悔が全くないのは、大切な場面で無意識さんが決めてくれたから。

英語圏の学校に行くことを決めるのも、英語が得意だからということではなく、「日本の学校に一つも合格できない」という理由で追い詰められてしまったから「アメリカに心理学を勉強に行きます」と職員室で語って大爆笑された。

もちろん「英語圏で心理学を勉強できたら」という夢はあったけど、優柔不断な私がもし、ちゃんと勉強ができていたら「日本の大学でいいや」と妥協してしまって後悔していたはず。

こんな臆病で優柔不断な私のことを無意識さんはちゃんと知っているから、日本の学校に進学する選択肢をことごとく奪ってくれて、大切なことを無意識さんが決めてくれた。

昔々、ヨナという預言者が神様から「ニネベという罪深い街に行って人々に改心していい人になりなさい」ということを伝えてきなさいと言われる（加工して書いています）。

ヨナは「あんな罪深い人がたくさんいる街なんて行きません」と、ニネベとは逆の街に行く船に乗ってしまう。

するとヨナの乗った船は大嵐に遭ってしまう。

船員たちは大嵐を乗り切ろうと、荷物を捨てて必死に努力をするが沈没しそうになってしまう。

その時にヨナは「私のせいだ」と悟って「私を海に投げ込んでください」と船員たちにお願いする。

船員たちは「そんなことはできません」とさらに荷物を捨てたりしたがダメで、とうとうヨナを海に投げ込む決断をすることになる。

ヨナを海に投げ込んだ瞬間に大きな魚がヨナを飲み込む。

ヨナが目を覚ました時、そこはニネベの街の海岸だった。

「大切なことは無意識が決めてくれるから大丈夫」

私はいろいろ大切な決断をしている、と思っているけど、本当に大切なことって全て無意識が決断してくれているから大丈夫。

なぜなら、後悔していない決断がこんな優柔不断な私の中にもたくさんあるのだから。

いちいち悩んで、その都度後悔するから、全ての決断がダメダメであるはずなのに、なぜか私の心の中には後悔していない大切な決断があった。

それは無意識さんがいつの間にか私を追い込んで、私のために決断してくれていたこと。

私は自分で決断して私の生きる方向を決めていると思っていたけど、振り返ってみたら大切なことは全て無意識さんが決断してくれていた。

これからも無意識さんが私のために大切な決断をしてくれるから大丈夫、とこれから先の無意識さんが見せてくれる世界が楽しみになってくる。

無意識が勝手に片付けてくれるから大丈夫

ティッシュを使って丸めて、ちょっと離れたゴミ箱へ「ポーン」とシュートするが、ゴール手前でティッシュは失速して床に落ちてしまう。

「無意識が勝手に片付けてくれるから大丈夫」

いやいや、あなたが拾わなかったら、いつまでもティッシュは床に落ちたままでしょと、私は立ち上がってゴミ箱まで歩いて床に落ちているティッシュを拾ってゴミ箱の中に入れる。

せっかく立ったのだから、ついでに他のゴミを集めて燃えるゴミをまとめておくか、とゴミを回収していた。

お笑い番組を観ていたら、夜遅くなってしまって「洗い物、明日の朝でいいか！」と放置してしまう。

朝になって「昨日の夜にちゃんとやっておけば朝からこんな面倒くさい気持ちにならなくてすんだのに」と後悔する。

「無意識が勝手に片付けてくれるから大丈夫」

このまま放置して仕事に行ったら、帰ってきてさらに惨めな気持ちになるでしょ、と思って昨日の皿を洗い始める。そうしていたら、シンクの汚れも「ついでにここも掃除しておくか！」と朝からシンクを丁寧に掃除し始めて「綺麗になると気持ちがいい！」となり、そこから気分が良くなってさっぱりとした気持ちで仕事に行く。

職場に行くと、同僚がちょっと不機嫌そうで「なんかあったの？」と聞きたくなるが、私がなんかやらかしたことで不機嫌になっているのだったら嫌だな、とソワソワする。

「無意識が勝手に片付けてくれるから大丈夫」

無意識さんにお任せすると、不機嫌な同僚に関わらないようにして自分の仕事に集中する。ゴミと皿洗いは「無意識さんにお任せ」と言いながら放置しなかったのに、同僚の不機嫌は本当に何もしないで無意識にお任せ？　と自分にツッコミを入れたくなる。でも、よくよく考えてみたら、普段の私だったら「私がやらかしたならなんとかしないと」と、余計なことを考えて不機嫌な同僚に関わり、状況をさらに悪化させてしまう。結果、「関わらなきゃよかった」となって嫌な気分になってしまう。

自分の頭で考えてしまうと、不機嫌な同僚を放置することができない不器用な私がいた。「無意識が勝手に片付けてくれるから大丈夫」と頭の中で思ってみると、普段できないようなことが自然とできていて「これって本当に無意識さんが勝手に私の頭の中を片付けてくれているのかも」と感じるから面白い。

電車に乗っていて「あの人、人の迷惑も考えずに大股を広げて二人分の席を取って座っている」と気になり出したら止まらない。「注意したい！でも関わったら大変なことになる！」と葛藤して、気になってあの人から目が離せない、となってしまう。

「無意識が勝手に片付けてくれるから大丈夫」

「無意識さんは殺し屋か何かですか？」と余計なことを考えてしまって、笑いが込み上げてくる。そして「人のことはどうでもいいか！」と勝手に無意識がゴチャゴチャした私の頭の中を片づけてくれる。

友達とのＬＩＮＥのやり取りで「余計なことを書いちゃったかな？」と後悔と恥ずかしさが湧いてくる。みんなからスルーされる惨めさが一気に襲ってきて苦しくなってくる。

「無意識が勝手に片付けてくれるから大丈夫」

無意識が勝手に友達の脳内に侵入して、私とのやりとりを消去してくれるんですか？　とツッコミを入れたくなってしまう。そんなことがあったらすごいな、と考えていたら、いつものようにぐるぐると自分のやらかしたことを何時間も考えることなく「いつの間にか忘れていた」となって思い出してみても恥ずかしさや苦しさがない。

無意識に勝手に片づけてもらって私は大丈夫なのですか？　苦しんで反省しないと、また同じことを繰り返すかも？　と不安になる。自分がやらかしてしまった始末は苦しんでやらなければいけない、とずっと親から教わっていて、私はずっと苦しみ続けていた。

「無意識が勝手に片付けてくれるから大丈夫」

自分で後始末をしなきゃと考えていたから、頭の中が散らかって「また同じ失敗を繰り返した！」せいで後悔する毎日だった、と気がついてしまう。

無意識に片付けをお任せしちゃうと、頭の中がクリアになって「慌てて同じ失敗をしないかも！」に変わっている自分にちょっとびっくり。

片付けとか整理整頓って難行苦行で苦しみながらやらなければいけないと思っていて、ちっとも進まなかったけど、無意識さんが勝手に片づけてくれると「たのしい！」に変わって、ちょっと無意識さんにお任せするのが楽しくなってきた。

「無意識が勝手に片付けてくれるから大丈夫」

これでもかというぐらい難行苦行を繰り返してきて、あなたは無力であることを十分に悟っているから。

これからは無意識に任せて楽しむだけの人生を歩んでいいのだから。

エラーの中に無意識が宿るから大丈夫

仕事をしていて、人がミス（エラー）をしたら「何をやっているの！」とものすごくイライラすることがある。

自分に関係があることだったら「嫌がらせでやっているの？」、「私の足を引っ張っているでしょ！」などと頭の中で思ってしまう。心の中で相手を責めていると、不思議と相手はエラーを連発する。

そんな時に「勘弁してください」と泣きたくなってしまう。

「エラーの中に無意識が宿るから大丈夫」

エラーに無意識が宿ると思ったら「私ってエラーばかりの人間なのに、どうして他人のエラーに目くじらを立てるの？」と不思議に思えてくる。

この前の休みの日、１日かけて書いた原稿の文字数をカウントするために「文字を全部選択」を押した次の瞬間に「プチっ」と削除ボタンに当たってしまい、原稿が全部消去されてしまった。

かのアイザック・ニュートンも、愛犬が机にぶつかったために何ヶ月もかけて書いた大事な論文が燃えてしまった。

私の中にドジな犬がいるよう。大事な原稿を消去してしまった。

ニュートンは愛犬に対して「君のしでかした悪戯がどんなものなのかわかっているのかい」と犬を抱き上げてたしなめただけ。私は自分がやらかしたことなので、大きなため息をついて再びコンピュータの前に向かい消してしまった原稿をもう一度、書き直すだけ。

私が起こしているエラーを書き出したらキリがないぐらいエラーを起こしているのに、どうして私は他人のエラーに寛容になれないの？

もしかしたら「エラーの中に無意識が宿るから大丈夫」ということが無意識にわかっているから。

エラーで原稿を消してしまい、その後に同じぐらいの時間をかけて書き直すことになったけど、書き直しているうちに新しい展開がどんどん見えてきて、「書き直した方が話の展開が面白くなったかも」と負け惜しみのようなことを思ってしまう。

人前で失敗することがすごく恥ずかしくて、「恥ずかしさのあまり死んでしまうかも」というぐらい失敗するのが怖い。

一人で生活している時に失敗だらけの私が人前で失敗しないわけがない。

私は人前でもたくさんエラーを起こしているけれど、無意識さんがエラーに宿ってくれるから「私は恥ずかしさでショック死していない」という奇跡が起きている。

もっとすごいことが起きていて、エラーの中に無意識が宿ってくれるから、私の中で「私、失敗しませんので！」という恐ろしいことになってしまっている。エラーばかりの人生のはずなのに、エラーに無意識が宿ってくれるから「私は失敗しない」という面白いことに。

だから、人のエラーに対して目くじらを立てる。

「エラーの中に無意識が宿るから大丈夫」

私のエラーには無意識が宿ってくれて、私を常に助けてくれるから、エラーだらけの私は無意識の力で「私って完璧じゃん！」という感覚になっている。だから「他人のエラーが許せない！」になっている。

もしかして他人のエラーが許せないって「エラーだらけの自分のことを棚に上げておいて許せない」となっているの？　と思っていたけど、それは違っている。「みんながエラーを起こし、そこに無意識が宿るのだったら私の無意識さんが奪われる」と思っているのかも。

エラーをたくさん起こし、その度に無意識さんがエラーに宿ってドジな私のことをこれまでずっと助けてくれてきた。

それが他人がエラーを起こすことで「私の無意識さんが奪われる！」と心のどこかで焦っているから怒っているのかも。

「エラーの中に無意識が宿るから大丈夫」

この「私の無意識さんを他人のエラーで奪われちゃう」ということ自体もエラーであって、そこに無意識さんが宿ってくれる。だから、私は平気で他人のエラーに対して怒ってしまう。私のエラーに無意識さんが宿ってくれるのですから。

そんなことを考えてみたら、私は常に無意識さんと共にいたいから子どもの頃からエラーを積み重ねているのかもしれない。

私が起こすたくさんのエラーの中に無意識さんが宿ってくれて、これまでずっと助けてくれてきたから、私は無意識さんを手放したくない。だから、他人のエラーに目くじらを立てるようなエラーを起こしてしまう。

私の「無意識さんを私だけのものにしたい」という邪な気持ち自体も私のエラーであって、そこにも無意識さんは宿ってくれる。

エラーをして他人から笑われても、エラーの中に無意識が宿るから、私は心の中で「私は失敗しない」と完璧な姿を保っていられて崩れることがない。誰よりもエラーが多いから、その人一倍多いエラーの中に無意識さんが宿ってくれて、いつの間にか私は無敵になっていた。こんなに無意識に守られている人はいないでしょ！　と自慢したくなってしまう。

そんなことを考えていると「私がこの世に生まれてきたこと自体がエラーだ」と思いたくなってくる。

「生まれてきたことがエラー」と最大のエラーを生み出すことで、強力な無意識を手に入れて私は何をしたいのか？

強力な無意識を手に入れてエラーだらけの世の中を正したいの？

いや、エラーの中に無意識が宿るのだから、私はエラーだらけの世の中から無意識を独り占めしたいだけ。

エラーだらけのこの世の中から無意識さんを独り占めしたい気持もエラーなので、そこにも無意識さんが宿ってくれて常に私と共にいて私を助けてくれる。

そして、いつの間にか無意識の力でこの世の中が私の都合のいいように美しく変わっていく。

たくさんのエラーを起こしながら。

困っていても無意識に任せれば大丈夫

「無意識さん」と出会う前は、毎日のように「困ったな〜」と眉間に皺を寄せて悩んでいた。

「困る」というのは、私の能力や条件が相手や状況に合っていない時に起きること。

以前、仕事をしていた時に「仕事がなかなか覚えられなくて困った」と、毎日電車の中でも、ものすごく悩んでいた。

私の仕事を覚える能力がぜんぜん足りなくて思い悩む。

周りの人たちは「そんな悩んだってしょうがないじゃない」と優しい言葉をかけてくれる。

でも、私が「どうしよう」と困り続けてしまうのは「自分の力で今すぐなんとかしたいけどどうすることもできない」と、この状況から抜け出す方法がわからないけど探そうとするから。

そのうち、今度は後輩に仕事を教えなければいけない立場になって「どうやって仕事を覚えてもらったらいいかな」と困ってしまう。

困ってしまうのは「なぜ教えた通りに仕事をやってくれないかな」と、後輩たちを見ていてイライラするから。

後輩にイライラしながらも、実は私の教える能力が低くて相手にうまく教えることができないから困っていることを心のどこかで知っていた。

でも能力がないということを認めたくないので、「仕事を覚えようとしない後輩たちをどうしたらいいのだろう?」と困って悩み続けてしまう。

勉強をしている時、試験前になると頭を抱えて悩み続けるのは、試験に臨む努力も知能も足りないから。試験直前にそんなに悩むのなら努力すればいいのだけれど、私には努力をする根性もないし計画性もない。「試験勉強をやっていないならしょうがないでしょ！」と開き直ればいいのに悩むのは「両親の期待に応えられない」ということがわかるから。

遊園地に行った時、「ジェットコースターに乗りたい」と思っていたけど「身長が足りないから乗れない」とわかった時に「困ったな」としかめっ面をした時のことを思い出す。

それを知った大人は「せっかくジェットコースターを楽しみにここまできたのに期待に応えてあげられなくて困ったな」と悩むわけです。悩んだところでジェットコースターには乗せてあげられないのはわかっているのに。

幼い私が「困ったな〜、身長が足りないから乗れないなんて」としかめっ面をして悩むのは、悩んだら奇跡が起きて身長があっという間に伸びてジェットコースターに乗れるかもしれない、と思っていたから。

周りの大人たちは「困って悩んだって身長はすぐに伸びないのだからしょうがないでしょ！」と幼い私をたしなめる。

私は諦めが悪くて「困ったな〜」と悩み続ける。

「困っていても無意識に任せれば大丈夫」

周りの大人たちも、私自身も「困ったな〜」と悩み続けていたあの時間が無駄、と思っていた。

でも「困ったな〜」と悩み続けた結果、無意識が働いて「結果的に背が高くなったかも！」と面白いことに。

遊園地のスタッフの頭が固すぎて困ったな〜、と思っていたのだったら「私の背が足りない」ということをちゃんと認めていないから確かに遊園地のスタッフのことで悩んだって無駄。

でも「私の背が足りない」と自分の足りなさで困った時に「背が高くなりたい」という切なる願いを無意識さんがちゃんと受け止めてくれて、「両親よりもずっと身長が高くなった！」という風になる。

後輩たちに仕事を教えている時、「後輩たちの覚えが悪いからどうしよう」と困っていたら何も状況は変わらないけど、私が本当にイライラして困っていたのは「私の教える能力が足りない」ということ。

私の教える能力が足りないと困っているときに「うまく教えられる高い能力が欲しい」と切に願っている。すると、無意識さんがちゃんと働いてくれてその願いを叶えてくれる。

身長のように遺伝的にみたら「あなたの家系はそんなに身長が高くならないよね」という時でも、自分が足りないことを認め、それでも諦めずに困って悩んでいると無意識さんがちゃんと働いて身長を伸ばしてくれる。

それと同じように、遺伝的にみても教える能力が全然足りないよね、と認めて困って悩んでいると、身長と同じように無意識さんが私に足りないものを授けてくれる。

試験勉強の時は明らかに「知能が足りない」と困って悩んでいた。

困って悩んでいる時は、本当に自分の足りなさを謙虚に認めて「知能を伸ばしたい」と心から求めている時。

すると無意識さんが働いてくれて、いつの間にか願いを叶えてくれる。

前に住んでいたアパートも、ラテン系の外国人の方がたくさん入ってきて、夜中まで賑やかで困ったな～、と思い悩んでいた。

初めのうちは「私の寛容さが足りない」と思っていたけど、「経済能力が明らかに足りない」と本当に認めたくないことを認めて「困った」と思い悩む。

すると無意識さんが働いて「ご高齢者がたくさん住んでいらっしゃる静かなアパートに引っ越せた！」となるから「無意識さんすごい！」と感動しちゃう。

「困ったな～」と髪の毛が抜けるぐらい思い悩むのはダメなんじゃないの？　とずっと思っていた。

でも、困って思い悩んで自分がどうすることもできないことを認めると、無意識さんが働いて私の常識ではあり得ないことを起こしてくれる。

「困ったな～」と悩んでいれば、誰かがなんとかしてくれると甘えているんじゃないの！　と周りの大人たちからバカにされていた。

でも、幼い私は困ることで無意識さんが働いてなんとかしてくれることを心のどこかで知っていたから、毎日のように困って思い悩んでいた。

それに応えて無意識さんが知らず知らずのうちに私を成長させてくれる。

私はずっと「困って思い悩んで苦しまなければ、無意識さんは助けてくれない」と信じていた。

でも、そのうちに「困って無意識さんにお任せすれば大丈夫！」と、思い悩んで苦しむ必要がないことに気がついてしまった。

思い悩み苦しんで、どん底まで落ち込まなければ無意識さんにお任せできなかったけれど、今では無意識さんの力に味をしめて、苦しまなくても落ち込まなくても「無意識さんにお任せすれば大丈夫」と思っちゃう。

「困っていても無意識に任せれば大丈夫」

私の器は小さく、ちょっとしたことですぐに困ってしまうけど、無意識さんの器は無限だから。

苦手なことは無意識に任せれば大丈夫

私は雑談をするのが苦手です。

目的もなく他の人と気楽に会話をすることがものすごく苦手。

何か目的があったら、その目的に沿って会話ができるけど、目的がないと「全然話が続かない」せいで嫌な空気が流れ、「雑談って本当に苦手」と苦手意識がどんどん高まってしまう。

「〇〇病院の何周年パーティー」に招待された時、雑談が苦手だから行きたくないと思っていたのに、

事務長から「人脈を広げるために行かなきゃだめよ！」と言われて渋々参加する。

テーブルが一緒になった先生たちと雑談をしなければならないのだが、苦手だから話が続かず、先生たちは他の先生たちと雑談でどんどん会話が盛り上がって、私だけ蚊帳の外。

「本当に雑談って苦手」と思いながらものすごく惨めな気持ちになってしまう。

そんな時に「苦手なことは無意識に任せれば大丈夫」と優しい言葉が頭の中に響いてくる。

すると、周りの人と適当な話ができるようになる。

適当に周りに合わせて話をしていると、話がどんどん盛り上がって、みんなの笑い声が大きくなり、

客席担当の方から「もうちょっとお静かに願います」と注意されてしまった。

帰りの電車の中で「あんなに苦手だった雑談が無意識に任せたら大丈夫になったのってどうして？」と不思議に思ってしまう。

楽しかったみんなとの雑談を振り返ってみると、「私っていい子ちゃんじゃなきゃいけない」とずっと思っていたから、雑談が楽しくなかったんだと腑に落ちた。

別に私は優等生でも聖人君子でもないのに、人と会話をする時に、なぜかそれを演じてしまう癖があった。

人徳もないし優れた知識も教養も全くないのに、それがあるように演じているから「偽善者」になる。

私が偽善者であることをバレないように演じるから、ますますロボットのような会話になってしまい、みんなの会話に入ることができなくなっていた。

苦手な雑談を無意識に任せた時に、優等生とか聖人君子の偽りを無意識はいつの間にか脱ぎ捨てさせてくれていて、「自由」に「のびのびと」会話をさせてくれる。

ありのままの自分だと誰からも受け入れられない、と思っていたから聖人君子を演じていたのに、無意識に任せてみたら「聖人君子を演じていたからロボットみたいな会話になって雑談が苦手だっただけじゃん！」と面白いことが見えてくる。

私の苦手の裏側にこんな仕組みが隠れていたなんて、と思ったら他の苦手も無意識に任せてみたくなる。

すると「私、じっとしていることが苦手だ！」と苦手を見つけてしまう。

スーパーのレジで前の高齢者が、一つのカゴから商品をレジの前で分け出して「別々の会計でお願いします」と言い出し、「時間がかかるのか！」と思い、じっと待っているのが苦手な私はものすごくソワソワして落ち着かない。

そんな時に「苦手なことは無意識に任せれば大丈夫」と思ってみる。

すると時間がゆっくり流れている感覚になって気持ちが落ち着いてくる。

その高齢者が小銭を出して精算し、ポイントカードを機械にタッチするも反応しないから、何度も試している姿をじっと眺めていられる。

そんな時に「私って優れた人間を外で演じているからじっとしていられなかった」ということに気がついた。

「優れた人間は貴重な時間を無駄にできない」と思っている。

「優れた人間はご高齢者に寛容でなければいけない」と思っていた。

時間を無駄にできないけど、寛容でなければいけないから、自分の中でその二つが喧嘩する。

外で優れた人間を演じているけど、家ではダラダラとスマホゲームをして時間を無駄にして、座椅子に座ればウトウトと寝てしまいあっという間に時間が過ぎていく。

優れた寛容な人間を演じているが、私の寛容さはお猪口以下であることを誰よりも自分が一番知っている。そのはずなのに、人前で平気で嘘偽りの自分を演じてしまい、ソワソワしてじっとしていられなくなる。

優れた人間でないから、すぐにボロが出てしまうことがわかっているから、「じっとしていられない」。

３分間しか地上で戦えないヒーローのように、優れた人間を演じ続けることができないことがわかっているから「じっとしていられない」でソワソワしていた。

「苦手なことは無意識に任せれば大丈夫」と思ってみると、じっとしているのが苦手だと思っていたのが実は違っていて、何も考えずにじっとしていられる私がそこに立っていた。

せっかく駅まで行ったのに忘れ物を取りに家に戻る、などということを繰り返して時間を無駄にする天才の私が、いくらでもじっと待っていられた。

なんで外では優秀な人間を演じなきゃいけないと思っているのだろう？

一人でいる時は優秀さのかけらもないのに。

「苦手なことは無意識に任せれば大丈夫」

無意識に任せれば、ありのままの自分に戻してくれて、「苦手でもなんでもないじゃん！」と不思議な感覚にしてくれるから。

周りの人や世間体を意識して、聖人君子や優秀な人間を演じていたから「苦手」が勝手に作り出されていただけ、と無意識が教えてくれる。

みんなから尊敬されるために優秀な人間を演じているのだけど、実際はじっとしていることができず怒りが爆発して、どこでも嫌われ者になっていた。

「苦手なことは無意識に任せれば大丈夫」

もうあなたはありのままの自分が一番美しいことを、それ以外の役割を演じることで十分に証明してきたのですから。

苦手なことを無意識に任せれば、ありのままの自分に戻れるから大丈夫。

無意識が戻してくれるありのままの自分は、すでにあなたが求めているものを手に入れているのだから。

無意識がついているから楽しんでも大丈夫

「楽しむってどういうこと？」と、楽しんで生きてこなかった私は考えてしまう。

「これから楽しいことをやってもいいですよ」と誰かに言われたとしても、「何をしたら楽しいの？」と全く思いつかない。

「買い物をしたら楽しいの？」と思っても、お金を使ってしまう心苦しさから気に入ったものを買うことができないから楽しめない。

食事に行ったら楽しめるのでは？　と思ったりするけれど、すぐにお腹がいっぱいになって苦しくなって楽しめないし、「カロリーとり過ぎて太ったらどうしよう？」などと考えてしまうから、「美味しい」は一瞬で、心から楽しめない。

スポーツは楽しめる？　と考えてみると、やっている時は「苦しい」、「疲れる」せいで楽しくない。さらに、周りの人たちの視線が気になり、周りの人と比較して「あの人はすごいのに自分はちっともすごくない」と劣等感を感じ楽しめなくなる。

優越感を感じられるものだったら楽しいの？　と思い、優越感が感じられるものを探そうとするけれど「そんなものはない！」となって楽しめるものが何一つない。

常に上には上がいて、優越感を感じるどころか「あの人だったらもっとすごいだろうな」とそこにいない人とまで比較し、「私はダメだ」と楽しむことができない。

習い事をしたら楽しめるんじゃないの？　と人から勧められて始めようとする。けれど、月々の月謝のことが気になり、「これだけの金額を払ってきちんと学べているのだろうか」と楽しめない。こんなことを習って役に立つの？　と考え始めてしまったら、楽しくなくなってしまう。

テレビを観ていて「散歩をするのが楽しい」と話している人がいたから、「公園を散歩してみよう」とする。でも歩いていると「あそこにゴミが落ちている」、「花が枯れている」など、嫌なところばかり目につき、気分が沈んで楽しめない。

そんな私に「無意識がついているから楽しんでも大丈夫」という声が響いてくる。

すると「私が責任を背負わなくていい！」と気持ちが軽くなって楽しめるような気がするから不思議。

「楽しんだ結果、貧乏になる」というのは、アリとキリギリスの童話から背負うようになった責任なのかもしれない。

楽しんだ結果、貧乏になり、さらに周りの人たちを不幸にしてしまう責任を私が負わなければいけないという重荷を、私はこれまでの人生でずっと背負ってきてしまった。

「無意識がついているから楽しんでも大丈夫」と思ったら、器が小さい私が背負えるような重荷じゃないよねと重荷をひょいと下ろしてしまう。すると、それだけでちょっと楽しくなってくる。

　１００円高いものを買うだけでも罪悪感を感じ楽しめなくなっていたのは、この重荷のせいだったと、背負ってきた重荷を無意識さんに委ねた私は振り返る。

　責任を背負っていた時は「無駄遣いはダメ」と楽しむためにお金を使わないけれど、「重荷を背負ってストレスが溜まる」せいで百円ショップやファストファッションのものを買ってしまい、無駄遣いしたせいで後悔し、楽しめなくなっていた。

　不思議なのは、責任という重荷をおろしたとたんに、「こんなのがあったら楽しいかも！」とインターネットで欲しいものを見ながら想像するだけでも「楽しい！」という感覚に浸ることができること。でも、家にものがないすっきりした空間を見るのが楽しいので、買わないで想像するだけでものがない自由な空間と、想像する楽しさというダブルで楽しめちゃっている。

　習い事でも、「習うのなら料金分以上に習得しなければ」という責任を感じていたけど「無意識がついているから楽しんでも大丈夫」と思ったら、その責任を全部、無意識に委ねてしまう。だから気楽に講座が受けられる。一生懸命に「学ばないと」と思っていたら楽しくなかったのが、「適当でいいや」と肩の力を抜いて講師の真似をしたら「すごい！」とみんなから褒められて「楽しい！」となる。

　スポーツでも「無意識がついているから楽しんでも大丈夫」と思ってみると「周りの人に迷惑をか

けたらどうしよう」という責任感があってびっくり。自分がジョギングをしているとき、すれ違う人たちに不快感を与えていたらどうしよう、と責任を感じていた。スポーツで疲れてしまって、その疲れで誰かに迷惑をかけてしまうのではと責任を感じているから楽しめなくなっていた。

そんな責任をすべて無意識さんに委ねてみると、「疲れるのが気持ちいい！」と、くたくたになるまで楽しめる。

周りの人たちへの迷惑の責任も無意識さんに任せると「みんな仲間で楽しい！」となるからすごい。

周りの人たちへの責任は、まるで保護者のメンタルだから、「周りの人よりも自分のほうが大人」という立場に知らないうちになっていた。だから、マナーが悪い人たちがものすごく気になってしまいイライラして楽しめなくなっていた。

そんな責任を無意識さんにお任せすると、「幼子のように楽しめる」ので、周りの人たちがいつの間にか心の中で仲間になる。

不思議なのは、責任を負っている時は「嫌な人ばかりしか近づいてこない」となっていたのが、責任を無意識さんに任せちゃうと「楽しい人たちが周りに寄ってきて、不快な人が寄ってこなくなった」という不思議な現象が起こること。

そんなことを感じていると、「責任は排泄物のようなもの」ということが見えてくる。

責任まみれになっていた私には不快な虫がどんどん寄ってきて、楽しめなくなっていた理由がわかる。

責任を負っているから立派な大人と思っていたけど、周りからしたらその責任の異臭はすごかっただろうな、とまたここで責任を負いそうになるから「無意識がついているから楽しんでも大丈夫」と思ってみる。

すると無意識さんのシャワーで、まとわりついた責任をキレイに洗い流し、すっきりした気持ちで楽しめる。

無意識さんのシャワーを浴びたら仕事も楽しいじゃない！　となって嬉しくなる。

「苦しまなければ仕事じゃない」と私はものすごい責任を負っていたみたい。

そんな責任を無意識さんのシャワーで洗い流してみると、みんなと一緒になれて楽しむことができる。

責任のなすり付けをする必要がなくなるのは、無意識さんのシャワーのおかげ。

せっかく無意識さんのシャワーを浴びてすっきりしているのだから、責任まみれになって寄ってくる虫を追い払うことに必死になっている大人には近づかなくなって、仲間と一緒に楽しく仕事ができる。

「無意識がついているから楽しんでも大丈夫」

これまで多くの人たちの責任を十分に背負って生きてきたから。

無意識のシャワーでそれを洗い流した時に、本来の幼子のように楽しめる自分に出会えるから。

第5章　自分に正直に生きて大丈夫

忖度しないで自分に正直に生きても大丈夫

私の人生は、常に周りの人に忖度し、自分に正直に生きてきたことがなかった。

「これを相手に伝えたら相手が気を悪くするかもしれない」と思い、自分の思っていることを正直に伝えられない。

確かに、伝えたら相手はヘソを曲げて嫌な雰囲気になるかもしれないけれど、思っていることを正直に伝えないと私の中に怒りや不満が溜まってしまい、相手との関係を破壊するようなことをしでかしてしまう。

たとえば講習を受けている時は、「講師が一生懸命に話をしてくださっているのに誰も質問をしないの？」と講師の気持ちを忖度し、手を上げて聞きたくもないことを質問する。聞きたいことではないから的が外れていて、かえって先生の機嫌を損ねてしまい、周りの人たちから「痛い人だ」という目で見られる。

学校に行っていた時、勉強が苦手な友だちがいて「試験勉強なんかダサいからしないよな！」と言われたら「勉強をしてこの子よりもいい成績を取ったらプライドを傷つけるかも」と、試験勉強を本当にしない。

もちろん誰がこの話を聞いても「あんたは人のことを言い訳にして勉強をしないだけ」と言われそう。自分でも確かにそうかもと思うのですが、忖度をして自分に正直に生きていないのは間違いないと思う。

「忖度をしないで正直に生きたらどうなると思っているの？」と自分に聞いてみたくなる。

すると私は、「周りの人たちがドン引きして自分から離れていってしまう」という。

「どうして周りの人はドン引きしちゃうの？」と私に聞いてみる。

そこで私は忖度なしで正直に話をしてくれて「類まれなる才能を発揮して、周りの人が嫉妬でドン引きしちゃうから」と教えてくれる。

だから、私はいつも「私は本気を出していないだけ」と心のどこかで思っていて、何もなし得ないままこんな年齢になってしまったな、と犯人が特定できる。

でも振り返ってみると、常に一番ダメな子に注目して「かわいそう」と忖度し、私が底辺の役割を担っていた。

仕事をしている時も、常にボスに忖度して自分に正直に生きたことはなかった。

後輩たちを指導する立場になっても、後輩たちに忖度をしていて「プライドを傷つけたらかわいそう」と肝心なことを言わずにストレスを溜めていた。

そして、手枷足枷をつけているような感覚になってしまい「これさえなければ私はすごいのに」とずっと思って生きてきた。

「本当に忖度をしなかったらすごい才能があるの？」と私に意地悪な質問をしたくなる。

幼い頃から両親に忖度をして自分に正直に生きたことはなかった。

忖度できることが才能って思ったこともあったけれど、本当は忖度するから正直に生きられず、自分の才能が発揮できないと心のどこかで思っていた。

「本当に忖度をしなかったらすごい才能があるの？」としつこく聞いてみたくなるのは、私の中に本当にすごい才能があるかどうかを知りたかったから。

母親が「切れ味が良くていい包丁だから大切にしまっておかなきゃ」と何年も箱から出さずしまっておいた包丁を出してみたら、錆だらけで専門家に研いでもらわなければ使い物にならない、というあの錆だらけの包丁を思い出していた。

もし、才能があったとしても何十年も忖度をしてしまって使わずにいたら錆び付いて使い物にならないはず。

すると、忖度をしなかったらすごい才能がある、と豪語していた私が「そんなに自分の秘めた才能のことが知りたかったら、忖度をやめて自分に正直に生きてみたら！」と言われてしまった。

私は思わず「才能を発揮してみんなから嫌われるのが怖いの！」と正直な気持ちを言っていた。

それを聞いた私が「もう忖度をしないで自分に正直になれているじゃない！」と笑顔で教えてくれる。

忖度をしないで正直に「才能を発揮しようとした時に、何も発揮できる才能がなくてみんなから見捨てられるのが怖いの」と私は言っていた。

「才能を発揮できなくて誰かからガッカリされて見捨てられるのが怖いの？」と質問をされる。

私の頭の中に親や親戚、いろいろな人が出てくるけれど「違うかも」と一人一人却下していく。知り合い、仕事の仲間？　そんなことを考えてみたら、いろいろな人から「才能なし」と呆れられて見捨てられてきたなと、自分の見捨てられ体験を振り返る。

忖度することで正直に生きられないから、みんなにガッカリされてきた。

誰かに見捨てられるという経験がありすぎて、慣れてきているかも。

そして、最後に1人だけ残っていた。

自分に何も才能が残っていなかった時、私自身が失望して自分を見捨てることを恐れていたことに気がついた。

このまま忖度をして自分に正直に生きなければ、自分自身を失望させてしまう、と思ったら悲しくなってきた。

「忖度しないで自分に正直に生きても大丈夫」

あなたが本当に喜ばせたい相手は、もう1人だけに絞ることができたから。

たくさんの見捨てられ体験を経て、あなたは十分に強くなったのだから。

周囲の評価を気にしないで自分に正直に生きても大丈夫

以前だったら、「周囲の評価を気にしている」ということの自覚があまり持てなかったかもしれない。

でも、「私は周囲の評価なんて気にしないでマイペースでやっています!」と思っていた。

でも、SNSとかで自分が書いたコメントに「いいね!」の数が少ないと、「私のコメントはダメ」と嫌な気分になる。他人の評価を気にしている証拠。

他の人のコメントに「いいね!」がたくさんついていると「どうして私のコメントにはいいね!をつけてくれないのだろう」と悩んでしまう。

私って気がつかなかったけれど、ものすごく周囲の評価を気にしているのかもしれない。

自分が周囲の評価を気にしていた、と気がついてしまったら、恐ろしいことを思い出した。

確かに、子どもの頃から先生の評価とか友達からの評判などを気にしていて、学校では「勉強をしているふり」をする。

先生からの評価のために「真面目に勉強をしているフリ」を演じるのだから、ずっと気にしているのは先生や周りの生徒の目。だから、授業内容がちっとも頭に入ってこない。

周りの子たちからは「先生に媚を売っている気持ち悪いやつ」と思われ嫌われてしまう。

今度は、周りの子たちからの評価が気になるから、行きたくもない遊びに付き合ってしまう。でも、私は友達の評価を気にしてついていっているだけなので「ちっとも楽しくない」。でも、楽しんでいるふりをしているから、遊びでやっているスポーツでも上達しないで、周りの子たちから馬鹿にされてしまう。

そう、授業の時は「勉強をしているフリ」なので、勉強ができるようにならない。どんどんみんなから遅れていく。先生からの評価は最低になってしまっていた。評価を気にして演じているので、中身が全くない頭の悪い生徒という評価になってしまっていた。

友達からいい評価をされようとして、遊んでいる時でもみんなの目を気にして楽しんでいるフリを演じていた。遊びでやっていることだけれど、何も上達しない。だから、どんどんみんなが遊びから学んでいくことを、私は全く習得できなかった。自分ではずっと「不器用だからみんなと同じことができない」と思っていた。でも実際は「周りの子たちの評価を気にしている」から楽しんでいる演技をしているだけだった。

周りの子達は勉強をしていて「成績が上がっていくのが楽しい！」、「新しいことを学べるのが嬉しい」などがあって、「成績が悪かったから悔しい」、「教わった内容がよく理解できないのをなんとかしたい」と自分の気持ちに正直にいられる。だから、どんどん学習していく。

私は、先生や周りの人の評価ばっかり気にしているから「新しいことを学べるのが楽しい」と一度も思ったことはないし、悪い成績を取っても心から悔しさを感じたことはありませんでした。「こんな成績を取ってしまったから、あの先生は私のことをどう思っているのかな」と不安になるだけ。両親からの評価がまた下がって、失望されて怒られることに怯えるだけ。

「悔しい」と感じられないから、悪い成績を取っても勉強しない。

人からの評価を気にして、常に演じているので、中身が全くないハリボテのような人間。

吹奏楽部で楽器を吹いていた時も先輩から「やる気があるの？」と怒られていたのは、先輩や周りの人の評価を気にしてばかりで、ただ真面目な部員を演じていただけだったから。

「ちゃんと真面目にやっているのに何がダメなのかな？」と思い、演奏を一度たりとも楽しんだことはなかった。演奏を楽しんでいる人たちはどんどん上達していくのに、私だけが先輩や先生の評価を気にして、全く楽器が上達しない。悩まないで「みんなからちゃんと評価されない」と焦っていただけ。

大人になって温泉旅行に行った時は、中居さんの私に対する評価が気になってしまって「いいお客さん」を演じてしまっている。だから、中居さんが運んでくれる食事がちっとも楽しめない。なんてコメントをしたら中居さんからいい評価をされるかを考えてしまっているから、ちっとも料理を味わって食べていない。

そして、温泉に入れば、周りの宿泊客からの私に対する評価が気になって「温泉に入り慣れた客」を演じてしまい、温泉に入るマナーを気にしている。湯船に入ったら「他のお客さんよりも我慢して長く入って」湯中りをしてしまい、夜に暑くて寝ることができなくなっていた。

仕事でも「上司や同僚からの評価」を得るために「いい社員」を演じてしまう。だから、入社当時の周りからの評価はすごく高い。でも「いい社員」を演じていると、「悔しい」とか「嬉しい」という感覚がちゃんと感じられない。すると、それを感じながら学習を積み重ねてきた同僚たちに追い抜かれてしまう。そう、私は評価のために演じているだけなので、中身がなくて成長しないハリボテだから、いつの間にか「あいつは口ばかり」ということがバレてしまって、居た堪れなくなって仕事が続けられなくなっていた。

「周囲の評価を気にしないで自分に正直に生きても大丈夫」

なぜ私は周りの人たちが正当な評価をしてくれるって信じているのだろう？　と面白い疑問が湧い

てきた。

そもそも私が評価を気にして演じているのだったら、周りにいる人たちは私に対して正しい評価なんてできるわけがない。

それなのに、私は周りの人たちが常に正しい評価をしてくれると信じている。

だから、みんなの前で私は高い評価をしてもらうように演じて、ハリボテ状態になる。

ハリボテ状態の私を見破って低い評価をするから「みんなの評価は正しい」と思ってしまう。

「みんなの評価は正しい」ということを証明するために、私は周りの評価を気にして演技をしてきた。

「みんなは私の演技を見破れまい」と思いながら演じているが、最後には見破られて「みんなの評価はすごい！」と私以外の人たちの力を証明して怖れる。

そうなると、私は「みんなの能力はすごい」と、みんなのことを評価できているってことになる。

馬鹿にしてしまうような相手でも、最後は私のダメさ加減を見破って「この人はすごい」と私はその方の本質の凄さを思い知る。

だから、私は人のことが怖いと思っている。

なぜなら、みんな私よりも優れた能力を持っているのだから。

そのみんなに対する「怖れ」は私のみんなに対する尊敬の念である。

私の中身のない正体を見破って、私から離れていく時に「素晴らしい眼力」と私は相手にリスペクトの花を送っている。

中身のない私から尊敬の念を送られても嬉しくないかもしれないけれど、私はリスペクトの花を送り続けていた。


「周囲の評価を気にしないで自分に正直に生きても大丈夫」

あなたは「みんなの評価が正しい」と十分にリスペクトの花を配り続けてきたのだから。

これからはそのリスペクトの花を自分に手向け、正直に生きてみるのも面白いかもしれない。

自分自身を正しく評価してあげる素敵な旅が始まる予感。

常識に縛られないで自分に正直に生きても大丈夫

コンビニで奮発して、お昼ご飯にお寿司を買って、休憩室で食べていた。

すると、小さい女の子がそこにいて「マグロは好きじゃないの？」と聞かれる。

私は「いいや、マグロが一番好きだから最後に残している」と伝えたら、「美味しいものは最初に食べるから美味しいんじゃん！」と言われて感心してしまった。

たぶん、人によって「好きなものは最初に食べる」、「最後に食べる」という好みがあるかもしれないけど、「私は私の常識に縛られていたな」と気づいて思わず笑ってしまう。

「常識に縛られないで自分に正直に生きて大丈夫」と言われた時に、「自分に正直に生きた時にお寿司のなんのネタから食べる？」と考えてみる。すると「イカから食べる」とすぐに出てくる。「なんで？」と自分に問いかけてみると「イカは安いから」で、ちょっと自分にガッカリする。

まだまだ私は「ぜいたくは敵だ！」という85年前の常識をそのまま引きずってしまっている。

常識に縛られないでもっと自分に正直に生きても大丈夫って自分に言い聞かせて、もう一度、同じ質問をしてみると「やっぱりイカ！」となるから面白い。「イカのあの食感と味が好きだから」というのでホッとする。


昔は暑い夏でも仕事にはスーツを着ていくのが常識だった。

でも、時間と共に常識がどんどん変わっていって「常識に縛られなくてもいいよ！」と私に教えてくれている。

仕事は通勤時間をかけて職場まで通って苦しんでやるもの、という常識があった。

でも、歴史的にすごいことが起こってしまって「自宅にいるままオンラインで仕事ができるようになったの？」と私の常識が崩れていく。

ちょっと前まで「マスクつけて接客なんてお客さんに失礼でしょ」と思っていたけれど、「マスクをつけることが常識」になり、常識に縛られなくていいと、常識に縛られて不自由になっている心を揺さぶってくれる。

「常識に縛られないで自分に正直に生きて大丈夫」と思うと、「そもそも私は常識にそんなに縛られていないかも」ということに気がつく。

そういえば、私はみんなと同じように常識的に生きられないことで悩んでいた。

もしかして、私はこれまでずっと常識に縛られないで自分に正直に生きてきたかもしれない、と面白いことに気がつく。

なぜなら、ずっとみんなと同じことができなくて、どこに所属しても浮いていたから。

どこのグループに属しても、そこにある常識に馴染めなかったのは、もしかして自分に正直に生きてきたから。

みんなは常識的に生きていて「周りの人たちと合わせて生きる」ことができていたのに、私にはそれができなかった。

会社では、上司のご機嫌取りをするという常識があったのに、「私、頭にきて出張中ずっと上司を無視していた」という恐ろしいことを思い出してしまう。

自分では「ものすごく常識に縛られて自分に正直に生きたことがない」と思っていたけど、自分に正直に生きているではないですか。

　誰よりも真面目で常識に縛られていると思っていたけれど、本当は自分にものすごく正直に生きているから、常識にうまく従えず、すごく不器用な生き方をしてきたのかもしれない。

　自分に正直に生きているのに「これが常識」と都合の良いように常識を作って自分がやりたくないことを常識のせいにしている。

「ぜいたくは敵だ」も常識に縛られて思うようにお金が使えない風に装っているだけ。本当は「お金を貯めたい」という自分の正直な生き方がそこに隠れていた。

「常識に縛られないで自分に正直に生きて大丈夫」

　常識に縛られないで自分に正直に生きてきてしまっているけど、「大丈夫」と思ったことが一度もなかった。

　ずっと心のどこかで「ちゃんと常識に従わなければ」、「自分のわがままで生きているのでは？」などと自分を責めていて、自分の生き方を1ミリも認めることができなかった。

「常識に縛られないで自分に正直に生きて大丈夫」と、「大丈夫」をつけてみると、これまでの常識に従えなかった私の人生の見え方がちょっと変わってくる。

　自分に正直に生きるために常識を都合の良いように使ってきたズル賢い生き方が見えてくる。

私は、都合が悪くなると常識を持ち出して、自分の正直な気持ちでやりたくないこと、やらないことを常識のせいにしていた。

そんな私の狡賢さが周りにバレてしまうのがものすごく怖かった。

なぜなら「常識に縛られないで自分に正直に生きて大丈夫」とは思えていなかったから。

「大丈夫！」と思ってみたら、全く違った風景が見えてくる。

誰もが意外と常識に縛られないで、自分に正直に生きている姿がちゃんと見えてくる。

常識を持ち出す人ほど、すごく自分に正直に、意外と自由に生きている。

みんな、私と同じように常識を隠れ蓑にして、こっそりと自分に正直に生きながら自由な世界を作り上げている。

常識に縛られない素敵な世界を。

「常識に縛られないで自分に正直に生きて大丈夫」。

緊張した時こそ自分に正直に生きて大丈夫

朝、ジョギングをしていて突然、頭の中に泣きじゃくる赤ちゃんの姿が浮かんできた。

私は走りながら「私って泣き虫だったよな」と振り返る。

「泣き虫」は「親に甘えているから泣き虫」と思われてしまう。まあ、確かに赤ちゃんが泣くのって「お母さんのミルクが欲しい」と泣くから「お母さんのおっぱいを求めて甘えている」と受け取られる。

でも、実際は「泣くことで緊張のホルモンが分泌される」らしく、緊張のホルモン自体が「お母さんのおっぱい」と同じ効果があったりするから「泣く」ということをしている（あくまでもナラティブで書いています）。

私が赤ん坊の頃に、母親は「親戚の家にお米を借りにいってきます」と朝から私をテレビの前に置いて出かけてしまう。同居していた叔母が帰ってきた時には、砂嵐状態のテレビ（昔はチャンネルの最後の番組が終了すると画面が砂嵐状態になっていた）の前で赤ん坊の私が泣きじゃくっていた。

赤ちゃんが泣いている、というのを普通に見れば「お母さんを求めて泣いている」ですけど、実際にやっていることは泣いて緊張を高めることで緊張のホルモンが分泌されて「お母さんのおっぱい」と同じ効果が得られるから。

普通だったら「お腹が空いた」で血糖値が下がったら、ちょっと泣いて自分で血糖値を安定させようとするけれど、お母さんが「よしよし」とおっぱいをあげて血糖値が安定する。

私の場合は、泣いて自分で血糖値を安定させようとして、泣きながら緊張のホルモンを分泌させ続けちゃう。

問題は、緊張のホルモンがたくさん出ちゃって血糖値が上がると「血糖値を下げなきゃ！」と身体が血糖値を下げるホルモン（インスリン）を分泌させてしまうこと。

この血糖値を下げるインスリンはどんどん学習していくから「緊張のホルモンがやってきて血糖値が上がるぞ！」と予測してドバドバっと血糖値を下げるホルモンを用意するようになる。

すると、ちょっとしたストレスなどで「緊張のホルモンがやってくるぞ」と血糖値を下げるホルモンを血糖が上がる前に用意するから、今度は血糖が下がりすぎる。すると脳の栄養が足りない状態になり「物事がまともに考えられない」ので不安感が高まり、なんかわからないけど怖い、と震えがくるようになる。

これは「血糖値を下げるホルモンが先走っている」という症状ですが、そんな仕組みはわからないから「私は不安で怯えている」と解釈してしまう。次の瞬間にすごく緊張が高くなったり、泣き出したりするのは「血糖値を安定させるために緊張のホルモンを出す」という仕組みになるため、「泣き虫」、「ビビり」になっていた。

大人になった今でも「ちょっとした嫌なことでものすごく不安になり、緊張して嫌な想像をどんどんしてしまう」というのがそれで、「緊張のホルモンで血糖値を安定させようとしている」。

緊張のホルモンで血糖値を安定させようとすると、血糖を抑えるホルモンも大量に分泌されるようになるから「血糖値の乱高下」が起きるようになり、「すぐに緊張する」という大人ができあがる。

赤ちゃんの時にちゃんとタイミングよくお母さんからミルクをもらった人は、「なんで緊張しているの？」となるけど、タイミングがずれていた私は「すぐに緊張する」となって苦しむ。

そんな時に「緊張した時こそ自分に正直に生きて大丈夫」と思ってみると面白いことが起こる。

この「緊張で血糖値を安定させようとする」という仕組みだったら、自分に正直に生きた時には「甘いものを食べたい」となるのかな？と思ってみると、「自分に正直に生きてみると甘いものは食べたくないかも」となる。

「緊張した時こそ自分に正直に生きて大丈夫」と思ってみると、「さっきまで嫌な人のことをぐるぐる頭の中で考えて緊張が高まっていたけれど、それって自分に正直じゃないかも」と考えるのも面倒くさくなってやめてしまう。

「ああなったらどうしよう、こうなったらどうしよう」と次から次へと不安なことが湧いてきて緊張が高まっていたが、「緊張した時こそ自分に正直に生きて大丈夫」と思ってみたら、さっきまであった不安が霧のように薄くなって晴れていく。

不安と緊張の霧が晴れた向こうに「これってお母さんに負担をかけないようにやっていただけ」という緊張の正体が見えてくる。

母親に「泣き虫」や「意気地なし！」とか「びびりで緊張しい」などと幼い頃からずっと馬鹿にさ

れ続けてきた。でも、この不安と緊張ってお母さんに負担をかけないようにやっていたこと。これはあなたのためだったじゃないですか！　とすごいことに気がついてしまう。

赤ちゃんはお母さんに負担をかけまいと気遣って、お母さんに血糖値を安定させてもらうのではなく、自分の不安や緊張で血糖値を安定させることを常に試みていた。

そういえば私が緊張する時って「周りの人に負担や迷惑をかけないように」という時なのかもしれない。結局、周りの人がお母さんに見えてしまって「負担や迷惑をかけないように」と自分で血糖を不安や緊張でコントロールしようともがいていた。

「緊張した時こそ自分に正直に生きて大丈夫」

もう、あなたは十分にお母さんに気遣いをしてきたのだから。

心の中のお母さんの気遣いをやめたら、泣いて血糖値を安定させていた赤ちゃんが私の中から消えていく。

すると、赤ちゃんが緊張で泣いておもちゃを投げ飛ばして壊しちゃっていたように、「緊張したために様々な人間関係を破壊してきたな～」と懐かしく思えるようになる。

これまでとは違った出会いがあるような予感がしてくるから不思議である。

「緊張した時こそ自分に正直に生きて大丈夫」

危険を察知したら自分に正直に生きて大丈夫

「危険を察知する能力」はみんなが持っている。

幼い頃、プールに入った後に急性中耳炎になってしまい、親戚の知り合いの大学病院の先生に診てもらうことになり、その偉い先生が「これは手術をした方が早いでしょう」と手術をすることになった。

その時に、私は暴れまくって手術を拒否。

看護師さんたちが押さえつけようとしたけど、私があまりにも泣いて暴れるものだから、偉い先生は「手術は無理ですね」と諦めてくれた。

その時、付き添っていた母親からは「みっともない！　本当にあんたは恥ずかしい！」と言われて、帰りのバスの中では冷たい態度。それから何年か後に、家族がやはり耳の病気で同じ大学病院の先生にかかって「手術をしましょう、簡単な手術だから」とおっしゃられた。手術をしたら「失敗してしまいました」と、左の聴力を失ってしまった。

危なかった～！　もし、あの時にあの偉い先生に手術されていたら大変なことになっていた、と幼い私の「危険を察知する能力」にちょっとびっくりする。

そう「危険を察知したら自分に正直に生きて大丈夫」なんです。

「約束の時間に間に合わないかも」と車を運転している時に焦ってしまう。

そんな時に「ちょっと嫌な予感がする」と危険を察知する能力が働く。

そこで「自分に正直に生きて大丈夫」と思うと、「ゆっくり景色を見ながら走りたい」という気分になるから面白い。いつも人の気持ちを考えてソワソワして落ち着かない生活をしてきたから、自分のペースでゆっくりと、というのが自分の正直な生き方だった。

すると、追い越し車線ですごいスピードで走っていく車が何台もあって「速いな～！」とちょっと羨ましく眺めている。しばらく走っていると「さっきの車がパトカーに捕まっている！」となっていて「よかった～！　ゆっくり走っていて！」と思い、自分の危険を察知する能力に感謝する。

「自分に正直に生きても大丈夫」と思ってみると、不思議と危険なことは選択しない。

自分に正直に生きたら「アクセル全開！」とやるのかと思ったら、意外と安全運転でゆったりとした走り。

私にも危険を察知する能力があるのかと、ちょっと嬉しくなる。

危険を察知して自分に正直に生きた時、「私の危険を察知する能力ってすごい！」と思うから、ますます危険を察知する能力が磨かれていく。

危険を察知して自分に正直に生きて大丈夫、と思うことを、危険を察知したときに繰り返していると「本当に危険を回避できたのかな？」と、危険を察知する能力がちゃんと働いているのかを確かめることが難しくなる。

でも、自分に正直に生きることが危険を察知する能力のおかげで楽しくなってくる。

道を歩いていて「いつものこの道はちょっと嫌な予感がするぞ！」と感じて自分に正直に生きる、と思ってみると「ちょっといつもとは違った道を歩いてみたい！」と、普段の自分だったらしないようなことをしてしまう。普段の自分だったら「効率重視」だから「ショートカットの道以外は歩かない」ので、寄り道は絶対にしない。

危険を察知する能力に注目して「自分に正直に生きても大丈夫」と思うと、私って意外と寄り道が好きなんだ、とわかってちょっと嬉しくなる。なぜなら私は「余裕がないロボットみたいな人間」という自己イメージがあったのに、危険を察知する能力のおかげで、そのイメージが見事に変わっていくから。

私はずっと、危険だからと怯えていたら弱虫でダメな子になってしまうと思っていたから、ずっと危険を察知する能力を逆に使ってしまい、見事に危険な目に遭って不幸な人生を歩んでいた。

私が正直に生きたら、ビビりまくってしまう弱虫の負け犬人生になると思っていた。

子どもの頃、周りから散々「弱虫！」、「意気地なし！」となじられていたから。

だから職場で「これを言ったら相手を怒らせて大変なことになるかも」と危険を察知している時でも「怖がっていないで相手のためにちゃんと言ってあげなきゃ」と、勇気を振り絞って相手のために言ってあげるが、案の定、泥沼状態になってしまう。

あの時に「自分に正直に生きても大丈夫」と思えていたら全然違っていたな、と懐かしく思える。

自分に正直に生きて大丈夫と思った時、不思議と私は弱虫の負け犬にはならなくなる。

「間違っていることはちゃんと相手のために言ってあげなければ」と思った時、「待てよ」と危険を察知する能力が働き、「嫌な予感」を感じる。そんな時、以前だったら「あなたは相手の反応にビビっているのか？　やーいビビリの弱虫」と罵声が頭の中に浮かび「え～い！」と相手に伝えてしまっていた。

でも「自分に正直に生きて大丈夫」と思った時、「相手が本当に間違っているのか確かめてみたい」という思いになるから不思議。

すると、私が危険を犯さなくても相手はちゃんと間違いに気がつく。

それを見た時、「相手の中にも無意識が働いている」と思い、私が危険を冒して相手のために何かをしてあげなくても大丈夫、という確信が得られる。

「危険を察知したら自分に正直に生きて大丈夫」

もう、あなたは十分に人の為に危険を冒して苦しんで生きてきたのだから。

これからは自分に正直に楽しく人生をゆっくりと歩んでも大丈夫。

自分を信じて正直に生きて大丈夫

「いつからだろう？　自分のことを信じられなくなったのは」と振り返る。

私はいつの間にか自分のことを信じられなくなって、人に頼るようになってしまっていた。

料理を作っても、自分が作った料理が美味しいかどうか信じられない。だから、人に「この料理の味見をしてもらえる？」と人の感覚に頼りたくなる。人から「美味しい」と言ってもらわないと、自分が食べても「美味しい」と感じられない。

片付けをしていても、自分が片付けたら「なんか中途半端な気がする」となって、途中で投げ出したくなる。

人から「うまく片付けられたね」、「きちんと整理しているね」と、認めてもらいたくなる。

自分を信じられないから、他人に認めてもらわなければちゃんと片付けられている気がしなくて、嫌になってすぐにまた散らかしてしまう。

私の中で「自分を信じてないな」というのがわかるのが洗濯物を畳んでいる時。

自分で洗濯したものだと、「ちゃんと汚れが落ちている気がしない」と畳んでいて不安になってくる。

服を畳んでいるときは、ちゃんと洗剤の匂いもしているのに自分の洗濯の仕方が信じられなくて「なにかがおかしい」と思ってしまう。洗濯の畳み方も「自分が畳むと雑だな～」と、自分へのダメ出しが止まらなくて、どんどんいい加減になってしまう。

こんなふうに振り返ってみると、自分のことを信じられなくなると何もかも中途半端になってしまうんだ、ということが見えてくる。

私の場合、嫌になって全て途中で投げ出してしまう。

だから、部屋の中はぐちゃぐちゃになって、引き出しの中は衣類が畳まれていなくて丸めたまま。

料理も、せっかく買った食材を美味しく調理するはずだったのに、途中で嫌になって中途半端な料理を作り、まるで餌を食べているような気分で食事することもある。

こんな愚痴を友だちの先生に話すと「あなたは母親から褒めてもらいたいのでしょ？」と言われて「なるほど！」と思う。

母親から褒めてもらったことがないから「自分の感覚が信じられない」となっているのかもしれな

い。

そうなると今度は、「私の母親は完璧」と思っているから「完璧な母親から褒めてもらいたいの？」と考える。

そんな友だちの前で私は「料理や片付けをして母親から褒めてもらえる」という場面をイメージしてみる。

実際にそんな場面は一度たりともなかったのですが、イメージの中ではいくらでもそんな場面を作り出すことができるから便利。

料理や片付けをして母親に褒めてもらう場面をイメージした時、私の口の中に苦い感覚が広がって胸や胃に不快感を感じる。次の瞬間、「私の求めているものは違う！　母親から褒めてもらうことじゃない」とわかる。

今度は友達の先生から「母親に料理や片付け、洗濯をやってもらっている場面を想像してごらん」と言われて想像してみる。

すると、背中に悪寒のような感覚が広がってきて「最悪だ！」と、その震えのような感覚が足先まで伝わってきて、寒気がしてしまう。

それを友だちの先生に伝えると、「自分が作った料理や片付け、洗濯の場面をもう一度思い出してごらん」とニヤニヤしながら言ってくる。

普段は「中途半端でまずい料理」と思っているのですが「なんだか自分の料理が一番しっくりくる」となるから不思議。

頭の中にはシューベルトの「未完成」が流れてきて「なんじゃこれは？」となる。

それを友だちに話すと「あなたは自分を信じていないのじゃなくて、信じていて〝未完成〟だと思っているから、完成させたくて常にダメ出しをしているのでしょ？」と難しいことを言う。

「どういうこと？」と確認をすると「誰かに教えていて才能がなかったらダメ出しなんてしないで『いいよ、いいよ！』って適当にあしらうでしょ」と言われ、「なるほど！」と思う。

才能がある人が目の前にいたら、どんどんツッコミをいれて「あなたはどんどん完成に近づいていくよ」とその才能を磨いてあげたくなってしまう。

だから、あなたは自分のことを信じていないのではなくて、信じていて未完成だと思っているから、常にそこに満足せずにツッコミを入れたくなっている。

私は思わず「私は自分のことを信じていた！」と声に出してしまう。

「自分を信じて正直に生きて大丈夫」と思ってみると、私ってこれをずっとやってきたかも。

それはまるで職人さんのようで、自分に正直だから、そしてひたすら自分を信じているから自分にダメ出しをしてきた。

「自分を信じて正直に生きて大丈夫」

生まれてからずっと職人さんのように自分を信じて正直にダメ出しをし続けてきたから、私が生み出すもの全ては職人技なのかもしれない。

「自分を信じて正直に生きて大丈夫」

あなたはもう十分に修行を積んできたから、自分に正直に生きても大丈夫。

希望のために自分に正直に生きて大丈夫

希望は「こうなったらいいな」と願うこと。「こうなって欲しいな」と思うこと。

もし誰かに「あなたの希望はなんですか？」と聞かれたら、私は「ゆったりと椅子に座って好きな本を読むこと」と答えるかもしれません。

でも、それって私の正直な希望？　と考えてみたら、違うかも。

なぜなら、本を読むのは大好きだけれど、そんなこと連続一週間やっていたら「飽きた」と絶対になることがわかっているから。

じゃあ、なぜ「あなたの希望は？」と聞かれた時に「ゆったりと椅子に座って読書」と答えたの？

ただ周りの人に「私は貧乏暇なしで忙しい生活を送っていて読書などしている余裕がない」とアピールしたいだけなのでは。

「なんでそんなアピールをしなきゃならないの？」

私の本当の希望を言ってしまったら、私の希望が苦しみを生み出すことを知っているから。

なぜなら、私の正直な希望は私の苦しみや悲しみ、そして孤独から作られているから。

これまで生きてきて、親に失望され、周りの人たちからは馬鹿にされ、いじめられ、仲間はずれにされて傷つき、振り返れば孤独で真っ暗な人生だった。

そんな真っ暗な人生の中で「希望」という灯火でこれまで生きてこられた。

暗黒であればあるほど、小さな希望の灯火でも足元を照らす大きな光のように感じられる。

その希望の灯火は「お金持ちになること」と思ってみたけど、その灯火は暗黒の中で冷たい風が吹いてくるとすぐに吹き消されてしまう。またその希望の灯火をつけて歩こうとするけど、闇の中から人が出てきて、せっかくつけた灯火を「フッ」と吹き消していく。そして、いつしか、その灯火を灯すのを止めてしまう。

その希望の灯火は「有名になること」と暗黒の中で灯火をつけてみたこともある。でも、暗闇の中でその小さな灯火がゆらゆらと照らし出す私の影はあまりにも醜く、人前に出してはいけない存在であることを知らせてくれる。有名になりたいという希望の光を灯せば、私の醜さである影が闇の中でくっきりと映し出される。私はそのゆらゆらと揺れる影に怯えて、いつしかその有名になる希望の灯火を自らの息で吹き消していた。

真っ暗な人生を一人で歩んでいる気持ちになっていたけど、私の足元には常に一つの小さな希望の光が灯っていた。

その小さな希望の光は、この闇を作り出している心の傷が癒される希望だった。

人に裏切られ、傷つけられて、心はズタズタに切り裂かれて、心の闇が広がっていく。

私はたくさんの失敗を繰り返してきて、心の傷を広げて心の闇をさらに深くする。

そんな暗黒とも思える私の心には、「心の傷の癒し」という希望の灯火がいつも灯っていた。

闇が深ければ深いほど「この心の傷は絶対に癒されるから大丈夫」という小さな希望の光が心の中に灯る。

闇の中からたくさんの人たちが、その希望の光を吹き消そうとして、踏みにじり私の心の傷をさらにえぐり、闇の中に突き落とす。

でも、傷ついて暗闇になればなるほど「心の傷の癒し」の希望の灯火がその闇を照らして、私を一つの方向へと導いてくれる。

人は傷つき心の中が闇で覆われていればいるほど、そこに灯っている希望の光に照らされている。

希望のために自分に正直に生きて大丈夫

でも、周りの人たちの光があまりにも眩しすぎて、自分の希望の光には気づかない。

だから、心の中の闇を照らす光に気づきたくて、周りの人たちの希望の光を吹き消そうとする。

周りが暗黒になれば、自分の心の中の闇を照らす希望の光が見えるかもしれないと思うから。

でも、他人の希望の光を吹き消すと同時に自分の希望の光も吹き消していて、自分の希望の光は一向に見えてこない。

人の希望を吹き消して傷つけることで、同時に自分も傷ついていてその闇が深くなっていくのだから。

私は、その闇が深くなればなるほど希望の灯火が私の心の闇を照らすことをいつの間にか闇によって気づかされていた。

希望の光が自分の闇を照らした時、その余りの醜さに希望の光を吹き消したくなる。

でも、いくら自分で吹き消しても、いつの間にかまた私の心の闇を照らす希望の光。

「希望のために自分に正直に生きて大丈夫」と優しい声が私に囁く。

あなたの希望の灯火はこれまであなたを導いてきてくれたのだから。

心が傷つき真っ暗な闇が広がっていればいるほど、その希望の光がその心の闇を照らしてくれていた。

その闇を見るのが嫌で、何度も吹き消そうとしてきたけれど、再び闇の中で灯る私の中の希望の光。

「希望のために自分に正直に生きて大丈夫」

あなたは希望の灯火を吹き消して、みんなと同じように闇の中、手探りで生きてきたのだから。

これからはその闇の中を照らす希望の灯火が示す方向へと自分に正直に生きても大丈夫。

希望の灯火が心の傷を照らし出して苦しくなっても、自分に正直に生きていると、その苦しみは過去のものであることに気づける。

歩む私の背中には暗黒の世界が広がっていても、灯火が照らし出す目の前の道には希望の光が溢れているのだから。

無意識が共にいるから自分に正直に生きて絶対に大丈夫

自分に正直に生きられたら、いろいろなしがらみから自由になって楽しく生きられる。

でも、私はしがらみから解放されたら「自分が孤独になる」と思っていたから、ずっと自分に正直に生きることができなかった。

自分が正直に生きたら、みんな私の元から去っていくと怯えていた。だから常に周りの人の気持ちを考えて、自分の気持ちを偽って生きている。

でも、催眠のお師匠さんに出会った時、これまで誰も言ってくれなかったセリフをおっしゃってくださった。そのセリフは「大嶋さんだったら大丈夫」という優しい言葉。

多分、他の人から同じことを言われたら「なんの根拠があって〝大丈夫〟って言っているの？」と質問して、せっかく言ってくれた「大丈夫」というセリフを打ち消してしまうだろう。「根拠がないなら無責任なことを言わないでよ」と思ってしまう。

催眠のお師匠さんの「大丈夫」という言葉には根拠が必要ない。なぜならお師匠さんの「大丈夫」という言葉の裏には「無意識が共にいるから大丈夫」が隠れているから。

催眠のお師匠さんに出会ってから、私はたくさん悔しい思いをした。

催眠の講座を受けていた時、お師匠さんが「みなさん、ここからニューヨークまでのルートって何通りあると思いますか？」と質問された。私は「はい！」と元気よく手をあげて「6通りです」と答えた。お師匠さんは優しい笑顔で私の答えを決して否定せずに、「意識だと6通りかもしれませんが、無意識だと無限です」とおっしゃられた。

その時、私は「やられた！」と自分の小ささを思い知らされる悔しさを感じていた。

オフィスがあった高田馬場からスタートし、北海道に移動して飛行機に乗り、他の国経由でニューヨークまでと考えたら、確かにルートは無限であった。私の頭の中では「月に行ってからニューヨークまで」と浮かんでいて「無意識の可能性は確かに無限だ」と自分の意識の小ささを思い知らされる。

意識には限界があるけど、無意識は無限で限界がない。

「大嶋さんが、ニューヨークまでのルートは６つしかないとおっしゃったのが意識で、その裏には無限の無意識が常に働いてくれているんです」、と優しい笑顔で答えてくれた。

こんなちっぽけな私に無限の可能性を秘めた無意識が常に働いてくれていると思っただけでも、私の目から涙が溢れてくる。本当にちっぽけで私には何も価値がないと思っていたから。

こんなちっぽけで価値がない私であればあるほど、その背後では常に無意識が働いて無限の可能性で私を助けてくれている。

私の意識では「誰からも相手にされない底辺の人間」と思っていた。誰かと喋れば馬鹿にされて見下されて、そして嫌がらせをされて陥れられてしまうから。

それがニューヨークまでのルートを６つしか考えられない私の意識の限界。その裏には無限の可能性を秘めた無意識が働いてくれているということは、私の頭では考えつかないようなありとあらゆる可能性が隠れている。

そんなことを考えた時に無意識が働いて、「みんなに見下されていると思っていたけど、本当は応援してくれていた」と浮かんできて「これは私の意識じゃ思いつかない可能性だ！」と、ちょっと自分でもびっくりする。

もちろん「そんなことあるわけないじゃん」と意識では否定したくなる。なぜなら、私の意識は限界だらけだから。「そんなこと絶対にあり得ない」となってしまう。

そんな時にお師匠さんの「無意識には限界がない」という優しい声が心に響いてくる。

私は「そんなことはあり得ない」と、私がこれまで嫌ってきた人たちのことを思い浮かべてみる。

私が嫌ってきた人たちは「ムカつく」、「下品」で思い出すだけでも顔が歪むけど、なぜ嫌で気になるのだろうと思った時、自分に正直になってみると「相手を脅威に思っている」と気がついて、自分が怖くなる。

相手の優れた腕力だったり、言葉の力だったり、思考力などの知的能力や正義感を恐れて「あの人嫌い」と思ってしまっていた。

私の意識には限界があって、どうしたって優れた相手に太刀打ちできないと思ってしまうから。

正直に心の中をのぞいた時、嫌っていると思っていた相手は「すごい」と思っているから恐れる。その恐れの裏には「尊敬」が隠れていた。

人が自分と違っているものを忌み嫌ったりするのは「恐れ」が働くから。その裏には「尊敬」が隠れていて、その尊敬を認めてしまったら自分の居場所がなくなってしまうような感覚になる。だから、私はそれをひた隠しにする。

石の影に隠れているダンゴムシが石を退けられて太陽に曝されてしまった時のように、光り輝く相手から隠れる。

そんな光り輝く太陽に対して、ダンゴムシである私は何をしても影響がないと思っているから、相手を嫌って心無い言葉をかけてしまう。ただ光が眩しくて、影の世界に隠れたくて、ひたすら相手を嫌って、呪って影の世界を作り出す。

影に生きるダンゴムシはただ光を呪っているのではなく、影の世界を作り出して光に照らされないようにしているだけ。ダンゴムシの私は影から光を応援している。なぜなら、私は影の中でしか生きられないと思っているから。ただ、その影の世界に光が射したら困るから。

そんなことを考えていたら、私を見下して蔑み陥れたと思っていた人たちは、無意識の世界では私を応援してくれている、そう思えてくるから無意識には本当に限界がない。

あれ?私のことを信じて「大嶋さんだったら大丈夫」と本当の意味で応援してくれていた人って催眠のお師匠さんだけだと思っていたら、それも私の意識が作り出していたちっぽけな限界だった。

その催眠のお師匠さんは、今は一緒にいない、と私は思っていないから、お師匠さんがおっしゃったように私にはちゃんと無意識さんが働いてくれている。目の前にはいないはずの催眠のお師匠さんが、笑顔で常に私を応援してくださっている姿を感じることができる。

「催眠のお師匠さんしか味方がいない」と思っていると、あの人も、この人も、そう、私を嫌っていたあの人もみんな無意識で私を応援してくれている、ということに気づいてしまう。

時空を超えてお師匠さんが応援してくださっているように、時空を超えてみんなが私のことを応援してくれていた。

催眠のお師匠さんが目を閉じた私に「大嶋さんには何が見えますか？」とおっしゃってくださった時に、私は「何も見えません」と答えていた。

そして、お師匠さんは「心の目で見てごらんなさい」とおっしゃった。意識で限界だらけの私は「心の目って何？」と疑問に思っていたが「心の目」という言葉で無意識が働き、瞼を閉じた暗闇の中に子どもの頃に見た天の川が静かに輝く満点の星空が浮かんでいた。

数えきれない星たちがキラキラと煌めきながら、暗闇の中で私のことを応援してくれている。

「無意識が共にいるから自分に正直に生きて絶対大丈夫」。

あなたはもう一人じゃないのだから。

雨空の向こうにも、太陽の光で青空が広がっているその向こうにもキラキラと輝く星たちが常にあなたを応援してくれている。

心の目で見てごらんなさい、あなたには見えるでしょ。

（終）

おわりに

「グッドウィルハンティング」という映画の中でカウンセラーと主人公の最後のセッションの時に、カウンセラーは主人公に「あなたのせいじゃない（It's not your fault!）」と伝えます。養父から虐待をされ続けてきて、大人になって怒りが抑えられず、自分を大切にしてくれる人間関係を破壊してしまう主人公は「そんなのわかっている」とカウンセラーの言葉を受け流そうとします。そんな主人公に「あなたのせいじゃない」を繰り返し伝えると、最初は「わかっている」と答えていた主人公が「もうやめてくれ！」とカウンセラーを突き放そうとしますが、カウンセラーは「あなたのせいじゃない」を何度も繰り返します。

口では「そんなのわかっている」と言いながら自分の才能もチャンスも破壊してしまうのは「あんな酷い目にあったのは自分のせいだ」と自分を責めるのが止まらないから。カウンセラーはそれをちゃんとわかっているから何度も「あなたのせいじゃない」を繰り返し主人公に伝えます。とうとう主人公は涙してカウンセラーに「ごめんなさい（I am sorry）」と言いながら抱きしめられます。

頭では「自分のせいじゃない」というのはわかっている。でも、心の中で怯えている幼い自分が「私のせいでこんな大変なことになっている」と自分を責めてしまう。その自分への怒りが才能やチャンス、そして自分を大切にしてくれる人間関係を破壊して自分に罰を与えてしまう。「あなたのせいじゃない」と何度言われても「わかっている」と言いながら心の中で自分を責めつづけ自分に罰を与えてしまう。

この本を書いてくれた無意識は何度でも「あなたのせいじゃないよ！　大丈夫！」と言い続けてくれる。「そんなのわかっている」と言いながらも自分を責めて罰してしまう私に対して「あなたのせいじゃないよ！　大丈夫！」って繰り返し、繰り返し伝えてくれる。自分では、私を傷つけてくる人に対して怒っている、と思っていたけど、本当は、そんなことをされるようなダメな自分に怒っていて、怒りを爆発させて惨めな思いを自分にさせることで自分に罰を与えていたなんて気づかない。そんなことを誰かに指摘されて「あなたのせいじゃない」と言われたって「そんなのわかっている」と私は必ず受け流してしまう。

無意識は、この本に書かれている催眠の物語を通じて「あなたのせいじゃない！　大丈夫！」って優しく伝えてくれる。無意識の催眠で書かれている物語だから「そんなのわかっている」と受け流しながらも、じわじわと「あなたのせいじゃない！　大丈夫！」が心の中に染み渡ってくる。そして、気づかないうちに自分を責めて罰を与えることがなくなっていく。

他人や状況に怒ることも、不安になること、お金の心配も、自分を責めて自分に罰を与えているから「大丈夫」って決して思えなかった。

無意識が催眠の物語を通じて「あなたのせいじゃない！　大丈夫！」ってメッセージを伝えてくれることで、自分に罰を与えることがなくなり、才能やチャンス、そして自分を大切にしてくれる人を大切にしていいんだ、ということが実感できるようになる。そう、誰も、自分を責めて自分に罰を与えている自覚はないけど、無意識はちゃんと知っている。

「あなたのせいじゃない！　大丈夫！」と何度も繰り返しながら、無意識さんは優しく抱きしめてくれる。無意識さんはこの本に書かれている自分に全く関係ないような物語を通じて「あなたのせいじゃない！　大丈夫！」ってメッセージを伝えてくれる。そのメッセージは意識的に受け取る必要はなくて、知らず知らずのうちに怯えている幼い私へと伝わっていく。

すると、いつの間にか本当の意味で自分を許すことができるようになって、才能もチャンスも素敵な人間関係も破壊することなく自分のために使うことができる。そして「ありのままの自分で生きて大丈夫！」って自由にのびのびと生きられる喜びを感じていくんです。

著者紹介

大嶋 信頼（おおしま・のぶより）

心理カウンセラー。

株式会社インサイト・カウンセリング代表取締役。

米国・私立アズベリー大学心理学部心理学科卒。

短期療法であるFAP療法(Free from Anxiety Program)を開発し、トラウマのみならず多くの症例を治療している。

著書に、ベストセラーになった『「いつも誰かに振り回される」が一瞬で変わる方法』『「すぐ不安になってしまう」が一瞬で消える方法』(以上、すばる舎)、『ミラーニューロンの彼方へ！支配からの解放』(SIBAA BOOKS)、『「与えあう」ことで人生は動きだす』(青春出版社)、『無意識さんの力でぐっすり眠れる本』(ダイヤモンド社)、『催眠ガール2』(清流出版)、『動物にタイプ分けで簡単！　あなたの周りのイヤな人から身を守る方法』（エムディエヌコーポレーション）等多数。

それでも大丈夫

不安を力に変える方法

著　者　大嶋 信頼
発行日　2024 年 2 月 26 日
発行者　高橋 範夫
発行所　青山ライフ出版株式会社（SIBAA BOOKS）
〒 103-0014 東京都中央区日本橋蛎殻町 1-35-2
TEL：03-6845-7133
FAX：03-6845-8087
http://aoyamalife.co.jp
info@aoyamalife.co.jp
発売元　株式会社星雲社（共同出版社・流通責任出版社）
〒 112-0005 東京都文京区水道 1-3-30
TEL：03-3868-3275
FAX：03-3868-6588
装幀　溝上なおこ
印刷・製本　中央精版印刷株式会社

ISBN978-4-434-33284-5